Raissa Orlowa-Kopelew
Warum ich lebe

Raissa Orlowa-Kopelew

Warum ich lebe

Herausgegeben von
Marija Orlowa und Lew Kopelew
unter Mitarbeit von
Swetlana Iwanowa-Orlowa, Maria Klassen,
Mechtildis Roth, Brigitte Segschneider-Brückner,
Elisabeth Weber, Karl-Heinz Korn
Übersetzung aus dem Russischen
von Eva Rönnau

Steidl

CIP-Titelaufnahme der Deutschen Bibliothek

Orlova-Kopeleva, Raisa:
Warum ich lebe / Raissa Orlowa-Kopelew. Hrsg. von Marija
Orlowa ... Unter Mitarb. von Maria Klassen ... Übers. aus d.
Russ. von Eva Rönnau. – Göttingen: Steidl, 1990
    ISBN 3-88243-141-5

1. Auflage Januar 1990

© Copyright: Steidl Verlag, Göttingen 1990 · Alle Rechte, insbesondere das Recht der Vervielfältigung und Verbreitung,
vorbehalten. Kein Teil des Werkes darf in irgendeiner Form
(durch Fotokopie, Mikrofilm oder ein anderes Verfahren)
ohne schriftliche Genehmigung des Verlages reproduziert
oder unter Verwendung elektronischer Systeme verarbeitet,
vervielfältigt oder verbreitet werden. Umschlaggestaltung
(unter Verwendung eines Fotos von Andreas Langen) und
Buchausstattung: Gerhard Steidl · Gesetzt aus der Bembo der
Berthold AG, Berlin · Gesamtherstellung: Steidl Verlag,
Düstere Str. 4, 3400 Göttingen · ISBN 3-88243-141-5

Lebendig bleiben, nur lebendig,
Nur lebendig bis zum Schluß.

Boris Pasternak

Leben – das ist doch für immer,
Tod – geht einmal vorbei.

Wladimir Kornilow

Raissa Orlowa-Kopelew

Inhalt

Die Ausstrahlung ihrer Lebenskraft empfanden alle, die Raja kannten, auch viele, die ihr nur kurz begegneten. Lebensfreude und Herzlichkeit gestalteten ihre Weltempfindung, waren ihr angeboren. Eine freiheitliche, aufgeklärte Weltanschauung hat sie sich selbst anerzogen. Sie überwand die in frühester Jugend aufgenommene bolschewistische Ideologie und wurde liberal und tolerant.

Ihr waches Gewissen, ihre Fähigkeit, fremde Gedanken verständnisvoll nachzuvollziehen, fremde Leiden mitzufühlen, Hilfsbereitschaft und Wille zur Versöhnung bestimmten ihren Alltag, ihre literarische Arbeit und ihre öffentlichen Auftritte.

Dieses Buch enthält eine Auswahl von dem, was sie hauptsächlich im letzten Jahrzehnt geschrieben und gesprochen hat, auch solches, was nur an ihre Familie und an den engsten Freundeskreis gerichtet war. Doch eben diese offenen, beherzten Äußerungen und spontanen Gedankengänge sind wahrheitsgetreue Zeugnisse der Zeit.

Teil I

Ich war glücklich

*23. Juli 1968. An diesem Tag wurde in Moskau Raissa Orlo-
was 50. Geburtstag gefeiert. Es kamen bereits schon nachmittags die ersten Gäste: viele Freunde und Verwandte. Am
abendlichen Festtisch hielt R. O. die Rede, die eine Antwort
auf all die Glückwünsche und Trinksprüche war.*

Die alten Weisen sagten, daß ein Mensch in der ersten
Hälfte seines Lebens empfängt und in der zweiten
Hälfte gibt.

Ich habe vieles auf meinem Lebensweg bekommen,
die Götter waren außerordentlich freigebig zu mir.

Ich war glücklich mit meinen Eltern – möge dem
Vater die Erde leicht sein –, und von meiner Mutter
lerne ich, schon ergraut, immer noch, wie ich leben soll.

Ich hatte Glück mit meinen Töchtern, den eigenen
und den angenommenen, wenn wir auch manchmal
streiten, habe ich sie lieb, und ich lerne von ihnen.

Ich erlebte das große und seltene Glück der Liebe.
Ich fand meine Hälfte.

Ich hatte Glück mit meinen Freunden, sie sind mein
unübersehbarer Reichtum. Ich bin reicher als alle Mil-
lionäre.

Ich hatte Glück mit meinem Rußland; man kann sich
seine Heimat nicht aussuchen, aber ich will auch keine
andere; hier bin ich geboren und hier werde ich sterben.

Ich wählte meinen Beruf nach meinem Herzen, ich
liebe meine Arbeit, sie bringt mir Freude.

Als Mensch meines Landes, meiner Zeit, meiner
Generation habe ich eher wenig leiden müssen. Ich
beweinte meinen Mann, der an der Front fiel, aber
selbst war ich fast keinen tödlichen Gefahren ausge-
setzt. Ich hatte immer ein Obdach, habe eigentlich nicht

gehungert, habe nicht im Gefängnis gesessen, mußte nicht einmal Pakete in Gefängnisse bringen.

Lange genug glaubte ich, daß das alles selbstverständlich sei.

Puschkin hat einmal gesagt: Selig ist, »wer sich mit fünfzig Jahren von allen privaten und sonstigen Schulden befreit hat«. Doch meine Schulden werden immer schwerer und schwerer. Meine Schuld vor den Angehörigen, den Nächsten, die ich eben genannt habe, meine Schuld vor all den Unbekannten, die ich nicht mit dem hohen Wort »Volk« zu benennen wage.

Seit langem nun hat die zweite Hälfte meines Lebens begonnen, seit langem ist es Zeit, die Schulden zu begleichen.

Das Klopfen des kleinen Hämmerchens, das jeden glücklichen Menschen daran erinnern soll, daß es Unglückliche gibt, habe ich erst spät vernommen. Aber jetzt erschallt es mir wie eine Sturmglocke. Ich bete zu Gott, daß mir noch Kräfte, Mut und Zeit bleiben, um die Schulden zu begleichen.

Abschied von den Freunden in Moskau

R. O. wollte diese Rede am letzten Abend vor dem Flug nach Deutschland halten. Doch dazu kam es nicht, weil es mehrere Abschiedsfeiern in verschiedenen Wohnungen gab. Der Text aber blieb im Tagebuch.

Moskau, 8. November 1980

Heimat – das seid zuerst Ihr, meine Freunde. Ihr alle – jeder auf seine Weise – seid in mein Leben eingetreten, eingedrungen, eingewurzelt ... Jeder hat seinen bestimmten Anteil an der Persönlichkeit, die ich bin. Ich wäre nicht ohne Euch. Ohne Euch gäbe es keine Bücher von mir, keine Arbeiten, nichts.

Zusammen mit den meisten von Euch bin ich einen schweren und wichtigen Weg gegangen. Von blindem Glauben zu nüchternem Zweifel, von Gehorsamkeit zu etwas, was man moralischen Widerstand nennen könnte.

Ich habe es zugelassen, daß die Staatsmacht mich fast einverleibt hätte. Es war die schlimmste Zeit meines Lebens, die Anpassung an die äußere Welt und die Unterdrückung der inneren.

Ohne Euch hätte ich diese Vergangenheit nicht bewältigen können. Jeder hat das auf seine Weise gemacht, in seinem Tempo, entsprechend seinem Charakter.

Wie glücklich waren wir alle in der Zeit des Tauwetters.

Aber auch diese Epoche ist zu Ende gegangen. Sie alterte und starb; wir alle alterten zusammen mit ihr, mit ihr ist ein Teil meiner Seele gestorben.

Nein, es liegt nicht in meinen Kräften auszudrücken, was Ihr für mich bedeutet.

In dieser schwersten Stunde meines Lebens bin ich mir doch bewußt, daß unsere Freundschaft bestand, besteht und bestehen wird.

Wie werde ich weiterleben, ohne Euch? – ich weiß es nicht.

Im Westen leben

Aus Tagebüchern und Briefen (1980–1987)

13. November 1980 (Der erste Brief an die Familie in Moskau)
Erst vor dem Einschlafen kehrte ich zu Euch zurück,
meine Lieben, und habe wieder einmal verstanden, daß
ich innerlich nie weggefahren bin und nie wegfahren
werde. Dabei tue ich wirklich alles, um diese merkwür-
dige Welt zu verstehen.

1. Dezember 1980 (An die Tochter Sweilcna)
In meinem ganzen langen Leben war ich noch nie so
vollkommen und für mich so unerträglich abhängig –
von der Sprache, vom Geld, durch das Fehlen der
Arbeit, das Fehlen meiner Umgebung, ohne die die
anderen auskommen, aber ich kann es nicht und werde
es nie können. Ich klage und weine; ganz seltene Minuten von Freude, wie gestern an der Elbe. Und von morgens bis nachts muß ich mir vorsagen: »Untersteh dich,
dich selbst zu bemitleiden.«

7. Dezember 1980 (An Freunde in Moskau)
Unsere Situation ist doch völlig anders als bei denen, die
den Schock überwinden und dann anfangen, sich
schlecht und recht einzurichten. Ich brauchte jetzt dringend eine Soldatengewohnheit (ich meine, daß ich sie in
Moskau hatte): In jedem Zelt, jeder Hütte seine Fotos
aufhängen können, ohne darüber nachzudenken, was
morgen oder in einer Stunde sein wird.

21. Dezember 1980 (An Swetlana)
Gestern war der erste vollkommen glückliche Tag für
mich, vom Morgen bis zum Abend. Ich schreibe erst

abends und verschütte dabei, wie immer, einen großen Teil dieses Gefühls von Lebensfreude, das so grundlos kam, wie es wieder verflog. Aber in Wirklichkeit – ein Jammertal.

7. Januar 1981 (An die Tochter Mascha)
Einerseits möchte ich mich hier einrichten und andererseits auch wieder nicht. Als entspräche das Provisorische unserer Existenz hier jenem anderen, wichtigeren Provisorium ...

21. Januar 1981 (An eine Freundin in Moskau)
Die Begegnung mit dem Westen ist zu Ende. Das Leben im Westen hat angefangen – oder es fängt überhaupt nicht an.

> *Am 22. Januar erhielten R. O. und L. K. den brieflichen Ukas über ihre Ausbürgerung.*

24. Januar 1981 (An Freunde in Moskau)
Entgegen aller Wahrscheinlichkeit hoffe ich auch jetzt einfach auf irgendein Wunder, ein Wiedersehen, sonst könnte ich nicht mehr leben. Wie zu erwarten war, bin ich keine römische Patrizierin ... Ich muß eine Kunst lernen, zu der ich sehr wenig geeignet bin: mit zusammengebissenen Zähnen zu leben, fast ohne Hoffnung.

28. Januar 1981 (An Mascha)
Wo ist jetzt das »wir« zu meinem »ich«? Ich habe aufgehört zu sein. Und ich kann mich damit nicht abfinden. Ich kann die Kunst der Trennung nicht lernen. Und mag schon auf gar nichts mehr hoffen.

6. März 1981 (An Freunde in Moskau)
Mich läßt die Frage nicht los, wie die Intellektuellen bei uns miteinander verbunden sind, wie das geistige Kul-

turmilieu entsteht, und wie es existiert: hier im Westen wird es von beiden Seiten her abgestritten, auch von einem Teil der Emigranten (»Wenn es uns dort nicht gibt, dann...«).

14. März 1981 (An eine Freundin in Moskau)
Der Gedanke läßt mir keine Ruhe, daß es hier sehr viel schwerer ist, man selbst zu bleiben, als unter unserem Druck zu Hause.

4. April 1981 (An eine Freundin in Moskau)
Je schlechter es dort steht, desto trauriger und schlimmer ist es für mich, daß ich nicht dort bin.

17. April 1981 (An eine Freundin in Peredelkino)
Ich lebe noch dafür, so weit es mir möglich ist zu erzählen, zu rufen und mich dafür zu streiten, daß ich aus einem Land mit großer Kultur komme. Ja, das muß ich unbedingt beweisen.

17. Mai 1981 (An einen Freund in Moskau)
»Unser/Euer Leben« wird uns nie wie ein »schwerer, grauer Traum« erscheinen [wie Ihr glaubt]. Das hiesige, nicht schwere und nicht graue Leben erscheint mir oft wie ein Traum. Ein bunter, heller, vielstimmiger, aber nicht meiner.

21. Mai 1981 (An eine Freundin in Moskau)
Ich kann niemandem Vorwürfe machen. Ich wußte, worauf ich mich einließ. Auf eine jenseitige Existenz. Es gab keine Wahl. Wenn ich noch einmal davor stünde – es käme genau so. Aber das Ausmaß des Schmerzes, die Tiefe der Wunde und ihre Unverheilbarkeit hatte ich mir so nicht vorgestellt.

27. Mai 1981 (An Swetlana und den Schwiegersohn Koma*)
Ich hoffe, daß ich ohne Scheuklappen sehe, auch hier bemühe ich mich, die hochkarätige Kultur zu finden. Gelegentlich finde ich sie auch. Aber wie sehr fehlt mir mein Milieu! Es gibt kein besseres auf der Welt. Und ich meine, das ist objektiv.

9. Juni 1981 (An eine Freundin in Moskau)
Ist es wegen der Kurse oder aus einem anderen Grund, jedenfalls ändert sich meine Einstellung zur Sprache. Ich vergleiche; mich interessiert, wie sich in der Sprache Gemeinsamkeiten und Unterschiede der Gattung Mensch zeigen.

16. Juni 1981 (An den Enkel Ljonja)
Ich werde das Deutsche niemals so beherrschen, daß es mir zur Arbeitssprache wird, daß ich darin zum Beispiel Vorträge halten könnte.

6. Juli 1981 (An eine Freundin in Moskau)
Aus einem Brief von Tjuttschew an seine Frau, 1843: »Ich bin sehr viel ungeeigneter zur Trennung als irgend jemand sonst. Denn eine Trennung ist für mich wie das sich selbst erkennende Nichtsein.«

13. Juli 1981
Unser Schicksal wollte es schon zu Hause, daß wir eine Brücke waren und versuchten, jene diesen und diese jenen zu erklären.

17. Juli 1981 (An eine Freundin in Suchumi)
… so ein Meer von Büchern, daß die Leser darin ertrinken. Ihre und unsere Kompasse sind verschieden, wir

---

* Wjatscheslaw (Koma) Iwanow. Philosoph, Linguist, Kulturhistoriker.

müssen unsere guten Sachen propagieren. Das ist eine Aufgabe, eine Medizin und einfach eine geistige Notwendigkeit.

22. Oktober 1981 (An einen Moskauer Freund)
Alles, was Du schreibst, entspricht ganz erstaunlich unseren ständigen Gedanken und Gefühlen, manchmal unserer Verzweiflung über die Unmöglichkeit, unsere Fähigkeiten, unseren Schmerz zu vermitteln.

Und auch daß vieles, beinahe alles, was in der freien Welt entstand, unvergleichbar mit dem ist, was dieselben Autoren in der unfreien Welt geschaffen haben. Ach, wie werden unsere Nachkommen, falls die Menschheit überlebt, darüber nachzudenken haben, warum es so ist.

4. November 1981 (An die Schwester Ljusja und den Schwager Mischa)
Immer mehr komme ich zu der Überzeugung, daß es Türen zu anderen Welten gibt – unsere zu ihrer, ihre zu unserer –, die für immer geschlossen bleiben. Bei meinem Charakter und der gegebenen Situation, wo man nur in einer gewissen Übermittlung Freude und Lebensberechtigung findet, sind solche Gedanken sehr schwer.

16. Dezember 1981 (An Freunde in Leningrad)
Ich lebe ein ungewöhnlich intensives Leben (für mich schon zu sehr). Reisen, Eindrücke, Straßen, Autos, Menschen, Menschen, Menschen. Ich habe viel Interessantes gesehen, manches hat mich tief betroffen und berührt. So sehen wir zum Beispiel jeden Tag fern – Polen. Und ich bemühe mich, alles zu lesen, was ich über Polen bekommen kann.

Wie ich es Euch versprochen habe, gebe ich mir ehrlich und aufrichtig Mühe, dieser fremden Welt näher zu kommen, sie verstehen zu lernen.

19. April 1982 (An einen Leningrader Freund)
Briefe sind für mich zum einen ein reiner Egoismus, dann eine Art von Wahnsinn und auch entgegengestreckte Hände und ein Schrei und mein Beten.

17. Juni 1982 (An Ljusja und Mischa)
Ich habe keine andere Möglichkeit, mich nicht unterkriegen zu lassen, als trotz allem zu schreiben, nicht aufzugeben, damit etwas fließt – ich kann und mag es nicht Reiseeindrücke oder Berichte oder Nachrichten nennen. Es ist etwas anderes. Warten und hoffen, daß es auch von Euch fließt.

29. Juni 1982 (An Freunde in Moskau)
Ist nicht unser ganzes Leben (an jeder Stelle der Erdkugel) Pflicht, Verpflichtung, die Unmöglichkeit, das zu tun, was man möchte und woraufhin man strebt – verschiedene Formen der Freiheitsbeschränkung (die unvermeidlich mit der Freiheit, dem Glück, einfach mit dem Leben eines anderen kollidieren)?

8. Juli 1982 (An die Tochter Lena)
Immer schneidender das Gefühl von Ungleichheit, von fremdem Leben und unendlicher innerer Einsamkeit. Hier braucht mich niemand. Die Hoffnung auf eine Änderung – Breschnews Tod. Alles übrige ist nur Ersatz. Und ich habe ganz zu recht auf dem Weg zum Deutschkurs »wozu?« gefragt. Ich sitze in der Falle. Ljowa braucht eine Krankenwärterin. Und das immer mehr. Mein ganzes Wesen ändern, die feste Idee, daß ich nötig

bin, daß ich etwas getan habe, noch tue und tun kann –
all das zerbricht an Ljowas Arbeiten, seinen Reisen, seinen Gereiztheiten oder Erfolgen und Freuden. Bitterkeit staut sich an – nur gegen mich selbst. N.s Geburtstag. Ich rief sie an, und wir weinten beide, jede an ihrer
Seite der Leitung...

16. Juli 1982 (An Freunde in Moskau)
Zwanzig Monate Erfahrung haben gezeigt, daß es mehr
Gemeinsames als Unterschiedliches gibt. Es gibt gewisse uns (mir) unbekannte weltweite Prozesse, die, wie
die Mode, irgendwann auch zu uns kommen. Im Fernsehen die Unterzeichnung des Vertrags über die Gaslei-
tung – es war unmöglich, an den Gesichtern oder der
Kleidung zu erkennen, wer wer war.

8. September 1982 (An ein Moskauer Freundespaar)
Wofür hat man uns in diese Welt gerufen? Für wen? Ihr
beide habt mir auch zu Hause die Kraft zum Leben
gegeben, und es ist nicht wenig, wenn auch nur ein ein-
ziger Mensch es dir verdankt, daß er weiterlebt.

17. September 1982 (An eine russisch-amerikanische Freundin)
Alles, was Sie über sich als eine unfreiwillige Übersetzerin oder Verbindungsperson zwischen zwei Welten
schreiben, ist mir jetzt ganz vertraut, genau das spüre
auch ich jetzt, und diese Situation ist für mich im wahrsten Sinne des Wortes schmerzlich. Sie bringt Schmerzen. Aber anders geht es auch nicht. Ich kann mich nicht
in der Vergangenheit abkapseln, mich von der Gegenwart abschneiden oder (um so weniger) die Vergangenheit abschneiden!

6. November 1982 (An die Enkelin Katja)

Die Welt, in der wir lebten, erschien uns schön (ich meine hier nicht die Politik, die wir auch hinnahmen, ich meine die Welt als Ganzes), und das war der bestimmende Ton des Lebens. Jeden Morgen wachte ich mit der Empfindung »wie schön« auf. Vielleicht, weil ich geliebt wurde und liebe, das ist unglaublich wichtig. Aber es war nicht nur das. Die Zeile »von so vielen geliebt und begehrt« aus Achmatowas »Requiem« habe ich immer autobiographisch aufgefaßt, und ich war selbst einfach verliebt in meine Freunde. Einen Menschen »wegzustreichen« fällt mir unglaublich schwer; ich weiß wohl von Heuchelei, die auch mir manchmal begegnet ist, aber ich schließe die Augen davor und vor anderen Fehlern auch.

Mit der Welt war ich sehr zufrieden, mit mir selbst nicht. Von Jugend an erschien mir das Leben wie ein einziges Fest, obwohl es dafür keinen Grund gab, wie ich erst spät erfuhr.

Von meiner Vergangenheit, besonders von Kindheit und Jugend, erinnere ich mich nur an Gutes.

23. November 1982 (An eine Leningrader Freundin)

Meine Mikrowelt war für mich die entscheidende Existenzgrundlage.

22. Dezember 1982 (An Ljusja und Mischa)

Ich stoße schmerzhaft an meine sprachliche Grenze. Die Seele der Sprache ist die Poesie und teilweise der Humor, und das liegt hier jenseits meiner Möglichkeiten.

4. Februar 1983 (An eine Moskauer Freundin)

Das Leben ist ein unablässiger Kampf mit dem würgenden Kummer.

6. Februar 1983 (An Mascha)

Das Mikroklima und die Möglichkeit – für jeden! –, es zu verbessern oder zu verschlechtern, das ist genau das, was ich tun konnte, was meine Sache war und was man mir genommen hat.

7. Februar 1983

Ich hatte immer den Wunsch, vor allem das Gute im Menschen zu sehen. Geblieben ist er hauptsächlich für jene zurückgelassene Welt.

14. März 1983 (An einen Leningrader Freund)

Immer wieder werde ich gefragt: »Wie geht es Ihnen denn jetzt? Haben Sie sich ein wenig eingelebt? Geht es Ihnen jetzt besser als am Anfang?« Ja, es geht mir besser als am Anfang. Es gibt jene Barriere, die sprachliche, fast nicht mehr, die mich damals von der Umwelt trennte. Aber »eingelebt« in dem Sinne, wie meine wohlmeinenden Gesprächspartner und -partnerinnen es mir wünschen, bin ich nicht. Nein, um mich in dieser Welt einzuleben, dazu fehlt mir sowohl die seelische Veranlagung als auch die Zeit. Aber ein kleines Teilchen Erfahrung in beide Richtungen vermitteln – das möchte ich, darum bemühe ich mich, damit rette ich mich, nur dadurch kann ich weiterleben...

23. März 1983 (An Swetlana)

Ich kann nur dann ich selbst sein, wenn man mich liebt. Mich ganz akzeptiert.

24. März 1983 (An Freunde in Moskau)
Wenn Einpacken und Auspacken zur Hauptbeschäftigung wird, dann kann man nichts schaffen, gibt es keine Lebenskontinuität, und eine Reise wird kein Ereignis mehr. Bei uns ist Seßhaftigkeit ein großes und seltenes Ereignis geworden.

17. April 1983 (An einen Leningrader Freund)
Ich habe mit Tjuttschews Zeilen gelebt:

> Oh dieser Süden, oh dieses Nizza,
> Wie alarmiert mich dieser Laut,
> Mein Leben wie ein angeschossener Vogel
> Will fliegen und vermag es nicht.

Ich wurde das Gefühl nicht los, daß Tjuttschew neben mir stand, daß er etwas von mir, von meiner heutigen (teilweise ständigen) Existenz sah, wußte und hörte, was ich selbst nicht gerne sehen, wissen oder hören würde. Ich versuche, Demut zu lernen. Man sagt, ich sei eine schlechte Schülerin.

5. Juni 1983 (An den Enkel Ljonja)
Aber innerlich ist jede Reise eine Flucht vor einem selbst. Nur selten zu einem selbst. Unterwegs ist alles leichter zu ertragen, das Gefühl des Vorübergehenden, von Bewegung.

28. Juni 1983 (An Mascha)
Ich habe mich in die Phase unseres Lebens vertieft, die »Nowyj mir«* heißt. Ich dachte gar nicht, daß das so fes-

---

* »Nowyj mir« (Neue Welt), die »dicke Monatszeitschrift«, die in den fünfziger/sechziger Jahren zum Organ des Tauwetters wurde. Publizierte die Schriften von Dudinzew, Solschenizyn, Wladimow u. a.

selnd ist. Ja, das war unser Frühling, der bei mir noch mit dem persönlichen zusammenfällt. Vielleicht scheint es mir deswegen heute so, als ob damals alle jung und voller Hoffnung waren. Jetzt sind die Hoffnungen verflogen, aber die Nummern der Zeitschrift sind geblieben.

30. Juni 1983 (An Swetlana und Koma)
Ich weiß nicht: Ist es Mystik, zu der es mich hinzieht? Ich gehe auf dem Weg, den alle gehen, und es fällt mir immer schwerer, mit dem Leben fertig zu werden. Ich brauche es, von Zeit zu Zeit allein in irgendeine Kirche oder einen Dom zu gehen, eine Kerze anzuzünden und zuzusehen, wie sie schmilzt... Ist das Mystik? Ich weiß es nicht.

12. Juli 1983 (An Mascha)
Die Gläubigen hatten wirklich die »Ewigkeit auf Vorrat«*, sie zweifelten nicht daran, daß ihre Nachkommen den [Kölner] Dom zu Ende bauen würden, und das taten sie. Wie oft bin ich schon da gewesen und wußte nicht, daß da ein Kreuz hängt, das tausend Jahre alt ist! Dieses Gefühl der Fortdauer der Existenz – der eigenen (in den Nachkommen) und der des Volkes – ist im alten Europa sehr stark. Es liegt auch der Kunst zugrunde. Was auch tragisch sein kann, aber einen unerschütterlichen Glauben mit sich bringt, daß es eine Zukunft gibt. Den haben die Nachkommen verloren.

25. September 1983 (An den Enkel Ljonja)
Ich schreibe auf diesen kleinen, dünnen Blättchen und versuche sie zu beschwören: »Mögen sie vollgeschrie-

---

* Zeile aus einem Gedicht von Majakowskij über Puschkin: »Ich und Sie, wir haben die Ewigkeit auf Vorrat.«

ben zurückkommen. Bringt mir wenigstens so ein Stückchen von meiner Welt.«

9. Oktober 1983 (An Ljusja und Mischa)
Ich betrachte mein Leben, die Meilensteine und habe gefunden, wo ich ich bin. Mein Symbol ist das Nest. Spät habe ich das entdeckt, und als ich es schon entdeckt und fest darin Fuß gefaßt hatte, nahm das Leben mir das Nest weg. Geblieben ist mein großes, tollpatschiges, geliebtes Vogelkind, aber es kann Euch nicht ersetzen, die Töchter und Enkel…

8. November 1983 (An eine Moskauer Freundin in Boston)
Wir werden das wenige tun, was in unseren Kräften steht: nicht der Menschheit helfen, sondern den Menschen.

12. November 1983
Ich will versuchen zu erklären, was mich am meisten quält. Das Gedächtnis schwindet. Meine Welt, jene einzige, die mir in jeder Lage die Kraft gab zu leben, diese Welt entgleitet mir, versinkt in irgendeine Tiefe; ich kann sie allein, ohne Hilfe nicht mehr halten. Und ohne sie kann ich nicht leben.

17. November 1983 (An einen Freund in Moskau)
Nur die vereinten Kräfte aller, die sich an uns erinnern, können dem Lauf der Zeit widerstehen, genauer: uns beiden die Stütze geben, um zu widerstehen.

23. November 1983 (An Ljusja)
Immer deutlicher merke ich, wie »verkrüppelt« mein Deutsch ist, wie wenig ich auszudrücken vermag, wie die Feinheiten verlorengehen. Ich kämpfe gegen das

Schwarz-Weiß-Klischee, aber mein Pidgin-German führt genau zu einem solchen Klischee.

Wenn man mir irgend etwas an der Wiege gesungen hat, dann genau dieses. Lesen, Texte analysieren, laut denken – und all das im Großen, Mächtigen* und über Großes, Mächtiges... Hat vielleicht der fremde Sprachraum, in dem ich leben muß, meine Wahrnehmung für den eigenen geschärft?

Ich erzähle von Suchumi, vom abchasischen Dorf, von Tbilissi. Wehmut und Freude: Das besaß ich einmal, das war das Meinige, das ist mir geblieben. Geblieben im Wort, im Gedächtnis, und ich soll und kann diesen Reichtum anderen vermitteln, mitteilen, verteilen.

30. November 1983

»Was streben Sie an?«

Meinen zerschlagenen Kreis zu bewahren, ihn zu kleben, neu zu verknüpfen. Ich glaube nicht an den großen Erfolg gesellschaftlicher Wenden, aber ich glaube, daß es jedem einzelnen gegeben ist, seine kleine Welt etwas besser zu machen.

5. Dezember 1983 (An eine Moskauer Freundin)

Dieses Jahr unterscheidet sich äußerlich sehr von den beiden vorigen. Ich merke, daß ich etwas zu sagen habe und daß die Leute genau das hören wollen, was ich zu sagen habe, fast ganz ohne Politik. Einzelheiten aus unserem Leben. Vor allem spreche ich über Literatur. Von einer Amerikanistin bin ich zur Slawistin geworden, was ganz natürlich ist, schließlich kenne ich meine eigene Literatur besser als jede andere.

---

* »Groß und mächtig« – so urteilte Iwan Turgenew über die russische Sprache.

7. Dezember 1983 (An Mascha)

Deine Briefe lehren mich, uns, vieles, insbesondere sich dem Leben zu fügen, es so zu akzeptieren, wie es ist und selbst noch im Schlechtesten etwas Gutes zu finden.

Selbst auf die jüngste Geschichte senkt sich schon Staub, die Augenzeugen, die Zeitgenossen sterben aus. Eine der Quellen für Lews und meine Bücher ist der Wunsch festzuschreiben, Zeugnis abzulegen von dem, was wir selbst gesehen haben, woran wir beteiligt waren, was sich vor unseren Augen abgespielt hat.

9. Dezember 1983 (An Swetlana, als wieder einmal ein Reiseantrag nach Moskau abgelehnt worden war)

Töchterchen. Töchterchen. Zum ersten Mal habe ich Angst. Hoffnungslosigkeit packt mich. Es kann doch nicht wirklich keine Hoffnung mehr geben. Ich bin schlechter und schwächer als ihr alle, ich meine nicht das Alter, das ist es nicht.

12. Dezember 1983 (An Ljusja und Mischa)

»... und die, von denen Gott uns scheiden ließ, kommen wunderbar ohne uns aus. Und sogar aufs allerbeste.«

Wie eine Sturmglocke hämmert mir dieser Vers von Achmatowa in schlaflosen Stunden im Kopf. Und um weiterzuleben, mich zu bewegen, auch um nur ein Essen vorzubereiten, muß ich unbedingt wissen, daß ihr ebensowenig ohne uns auskommt wie wir ohne euch...

12. Dezember 1983 (An eine deutsche Freundin)

Wenn ich Ihren Bericht lese, spüre ich Ihren Atem, und das ist für mich ein sehr wichtiges Zeichen von Aufrichtigkeit... Schaffen Sie sich aus unserem Rußland keinen Götzen. Machen Sie sich kein russisches Märchen, um nicht hinterher enttäuscht zu sein. Schlecht und schwer ist für mich nicht, daß ich hier bin, sondern daß ich nicht dort bin.

Sie sind der erste Mensch, der ehrlich über seine »touristischen Ängste« geschrieben hat, ja sogar über den Verfolgungswahn. Ich gebe zu: Zu Hause haben wir oft über solche touristischen Ängste gespottet, haben sie hochmütig, fast ein wenig verächtlich betrachtet: »Was kann ihnen denn schon passieren? Schlimmstenfalls wirft man sie hinaus.« Heute sehe ich das anders. Jeder hat seine eigenen Sorgen, und man darf auf gar keinen Fall (das ist eine sehr russische Krankheit) seinen eigenen Kummer für den einzigen und allerwichtigsten halten.

13. Dezember 1983 (An eine Moskauer Freundin in London)
In den Russischkursen und den Seminaren über russische Literatur in Berlin fühlte ich mich wohl, merkte die ganze Zeit, daß ich mein Instrument beherrsche, daß ich eine breite Palette zur Verfügung habe und mich nicht mit kindlichem Vokabular und kindlichen Sätzen einschränken muß wie im Deutschen. Niemals habe ich so viel über unsere Sprache nachgedacht, nie sie so deutlich gespürt, sie so geliebt. Und nie hat sie mir – abgesehen von allem übrigen – so gefehlt.

28. Dezember 1983 (An Mascha)
Wie viele ungelöste Probleme, und sie werden nicht dadurch gelöst, daß man über sie redet.

30. Dezember 1983 (An Swetlana und Koma)
Seit langem quält mich das Problem des Alterns in seinem konkreten Geschehen. Ich denke an alles, was ich über die alten Männer und Frauen auf dem Lande gelesen habe. Sie haben sich alle auf den Ofen gelegt. Aber was passierte, bevor sie sich hinlegten, als sie einsehen mußten: »Zur Kuh kann ich nicht mehr«, »Jäten kann ich nicht mehr«? Und was geschah mit ihnen auf dem Ofen?

31. Dezember 1983 (An eine Freundin in Moskau)

Unsere Existenz in der hiesigen Welt ist so gestreßt, daß man unser Leben zu Hause im Vergleich damit nur als bukolische Abgeschiedenheit bezeichnen kann. Nur unser rasendes Tempo, das ständige Umherfahren von einer Stadt in die nächste, von einem Land ins andere läßt jenen Schmerz, der unablässig mit uns ist, ein wenig vergessen und in den Hintergrund geraten.

4. Januar 1984 (An einen Leningrader Freund)

Ich war im Theater* (»Anatevka«) und merkte wohl zum ersten Mal: Das sind ja auch meine Wurzeln. Die Welt meiner Großväter und Großmütter, für Mama und Papa war sie noch erreichbar. Meine Vorfahren lebten in solchen Städtchen, sie waren so arm, sie heirateten so und unterhielten sich so mit Gott. Gott war ein Familienmitglied, man konnte auch auf ihn schimpfen, und sie schimpften oft, wie sollte man sonst diese Hoffnungslosigkeit ertragen? Am Schluß kommt ein Trauerzug, die Familien werden getrennt. Und wieviel Geschichte steckt dahinter: meine eigene und die von Auschwitz und die von so bekannten Amerikanern wie zum Beispiel Arthur Miller. Ich habe dieses Erbe verdrängt und gefürchtet. Aber nun spürte ich plötzlich eine deutliche Verwandtschaft mit ihnen und Stolz auf sie. Es zeigte sich, daß ich mich – mit irgendeinem anderen Gedächtnis – an vieles erinnere. Ich erinnere mich an Worte, Gesten, das Lächeln, Mama, den Kreis von Freundinnen und Verwandten. Wieviel wurde da gelacht, selbst wenn es um traurige Ereignisse ging. Wie würde Mama sich freuen, wenn sie wüßte, daß auch ich nun diese ihre Welt liebe, schätze und zu verstehen versuche. Schließlich ist sie nicht weniger besonders als etwa die Welt der ameri-

* in Salzburg

kanischen Neger, der ich so viele Jahre gewidmet habe –
um diese Welt zu verstehen.

Teilweise freut es mich, daß ich mich noch ändern
kann. Aber wohin? Weiß der Himmel. Meine nie ver-
stummende Sturmglocke ist eine andere.

> Kuda she ja ujdu
> ot russkogo glagola...
>
> Wo geh ich hin allein
> Vom Russen Worte weit,
> Es sang all unser Leid
> Und sang so jung und rein.*

5. Januar 1984 (An Moskauer Freunde)
Das Wichtigste, was wir uns und Euch allen für das Jahr
84 wünschen, ist, mit ihm fertig zu werden, wir selbst
zu bleiben. Der Traum, die Hoffnung – uns, wo auch
immer, wiederzusehen. Daß es Euch auch ohne uns gut
gehen möge.

Alter ist ein relativer Begriff. Ich wünsche mir, daß
unsere Arbeitstische bis zuletzt unser Startpunkt sein
mögen. Dann werden wir gemeinsam in Liebe und mit
Eurer Liebe, wenn nicht alles, so doch noch vieles ertragen können.

13. Januar 1984 (An Swetlana und Koma)
Briefe zu ordnen ist nicht nur Trauer, sondern auch
Glück. Zu wissen, daß das vierte Jahr angebrochen und
die Verbindung nicht abgerissen ist. Und wir selbst sind
nicht zerrissen. Einen größeren Reichtum gibt es nicht
und wird es nie geben. Und eine Art Lebensfundament:
Man bekommt sie, liest sie (und wenn man keinen bekommt, liest man sie noch einmal) – und es kann weitergehen...

* David Samojlow

35

Seit langem schon bitte ich keinen Augenblick zu verweilen – und möchte es auch nicht bei jedem –, aber ich bitte manchen Augenblick innezuhalten, damit ich es schaffe, ihn mir einzuprägen, wenn sich das lohnt...

3. März 1984

Ein Traum. Ich weiß, daß dies mein Sarg ist. Ich will mich von den Töchtern, den Meinen verabschieden, Lew sagt irgend etwas Vernünftiges, aber ich schreie verzweifelt: »Dies ist die letzte Gelegenheit, dies ist mein Sarg...«, aber niemand hört mich. Ich träume selten. Wie kann das mit dem Briefwechsel zwischen Pasternak und Freudenberg zusammenhängen, den ich vor dem Einschlafen las?

Zu Ejdelmans Buch »Puschkin und die Dekabristen«: Das Allerzeitgemäßeste ist die Rehabilitierung eines ehrlichen Konservatismus. Auch in der Bewegung der »Grünen«. Erhalten – was sonst können wir in dieser Welt noch tun?

20. März 1984

Aus alten Tagebüchern: Am 14. Januar 1980 bekannte sich Lifschiz* in einem Brief an die jungen Maslows**

---

* Wladimir Lifschiz. Mathematiker, lebte damals in Leningrad, jetzt in den USA.

** Sergej Maslow (1940–1982). Mathematiker, Lyriker, Kulturhistoriker. Seine Frau, Nina Maslowa, Mathematikerin. Beide gehörten in den sechziger/siebziger Jahren einem inoffiziellen Seminar zur Erforschung verschiedener Systeme an, das in der Leningrader Wohnung der Maslows mindestens einmal im Monat stattfand. R. O. zum Beispiel referierte in diesem Seminar über amerikanische Literatur, über die Bürgerrechtsbewegung von Martin Luther King, las aus ihrem Roman über John Brown. Den Gedanken an einen »ritterlichen« Orden der Toleranz teilten mehrere Freunde der Maslows, u. a. auch Pomeranz.

zur Gründung des »ritterlichen« Ordens »Verständnis zu erreichen ist wichtiger als die Wahrheit zu finden«. G. Pomeranz*: »Verstehen ist wichtiger als siegen.«

18. Mai 1984

Karjakin**: »Die Welt hat genug von Dostojewskijs Romanen gelesen, es wäre dringend nötig, daß sie sich Puschkin zuwendet ...«

22. Mai 1984

Eine Lesung aus »Die Türen öffnen sich langsam«. Ein alter Tischler, ein Deutscher, aus Duschanbe: »Hast mir das Herz erwärmt, Schwesterchen...«

Eine Dozentin aus Moskau: »Gibt es bei verschiedenen Systemen, verschiedenen Nationen Unterschiede im Menschen?« Der Saal klatschte, als ich sagte, daß, wenn etwas schmerzt, es in Moskau ebenso weh tut wie in Paris oder in Köln ... Dieselbe: »Danke für die vielen guten Worte, die Sie über unser Land gesagt haben, aber ich glaube doch, daß es einen Unterschied gibt...«

17. Juni 1984

Ein erfolgreicher Verlagsmitarbeiter. »Meine Frau und ich sind 55. Wir wollen unser Leben ändern. Wir ziehen in ein Dorf. Eine Siedlung für geistig Behinderte, psychisch Kranke – diesen Leuten wollen wir helfen.«

Beide sind Theaterwissenschaftler. Zwei erwachsene Töchter, die ältere lebt mit ihrem Freund bei Toulouse. Sie haben eine Ziege, den Käse verkaufen sie ...

---

* Grigorij Pomeranz. Philosoph und Kulturhistoriker. Lebt in Moskau. Über den Lifschiz-Brief hat Maslow mehreren Freunden berichtet.

** Jurij Karjakin. Philosoph, Kulturhistoriker, Dostojewskij-Forscher. Seit 1989 Abgeordneter im Kongreß der Volksdeputierten.

27. Juni 1984 (Aus einem Leserbrief zu dem Buch »Die Türen öffnen sich langsam«)
»Ihre Empfindungen im Westen machen einem Hoffnung, daß die Einheit der Menschheit keine Utopie ist...« 23 Jahre, Hausfrau. Vater – Perser, Mutter – Deutsche, Katholikin.

29. Juli 1984 (An einen Leningrader Freund)
Für wen schreibe ich nun? Ich habe versucht zu antworten: für die Meinen. Für meine Töchter. Meine Schwester. Für Dich. Für die Freunde. Aber das Schicksal wollte es, daß all das auf eine internationale Ebene geraten ist. An wen soll ich denken, wenn ich redigiere, streiche, erkläre? Ich glaube noch immer, daß die Menschen, besonders die Leser, sich im wesentlichen nicht voneinander unterscheiden.

10. August 1984
Ich habe es schwer mit mir, es wird immer schwerer mit mir, was ist denn nur mit mir? ... Ich muß mich löffelweise zusammensammeln und wieder zu leben versuchen.

21. August 1984
Ota Filips* Einleitung zu meiner Lesung in Alpach**:
»Wie alle im Westen verstehe ich Sie nicht. Warum sind Sie so traurig? Es ist doch eine Wahl zwischen Leben und Tod. Hier leben wir, und dort gäbe es uns gar nicht.«
Ich habe schlecht geantwortet, obwohl mich die Frage berührte, mehr, als es zunächst schien.

---

* Ota Filip. Tschechischer Schriftsteller, Emigrant seit 1968.
** während eines internationalen Symposiums

22. *August 1984*

Für wen schreibe ich? Wenn es eine internationale Republik des Geistes gibt, dann ist sie hier, in Alpach. Sind das meine Leser? Ich weiß es nicht.

25. *August 1984*

Wie traurig ist es zu altern. Besonders an solchen Orten, wo es Strand, Berge, Wärme gibt. In Alpach sind hohe Berge, aber doch nach meinem Maß, sie erdrücken mich nicht. Im Gegenteil, das Gefühl von Gedankenflug.

In Wien bei einer Journalistin. »Wie konnten Sie leben, wenn der KGB da war?« – »Wir lebten so, als seien sie nicht da, und nannten am Telefon nur niemals fremde Namen. Und das war durchaus keine besondere Tugend oder Heldentat. Anders wären wir einfach verrückt geworden.«

16. *Oktober 1984*

Deutschland fliegt vorbei. Immer mehr sehe ich die Unterschiede. Anfangs war die Landschaft nur ein verschwommener Fleck. Und das unverständliche Stimmengewirr erst recht. Jetzt fange ich an, den Unterschied zwischen rheinischem und schwäbischem Dialekt zu hören.

Jenes Haus mit Garten aus meinem alten Traum habe ich zum ersten Mal bei Schönes* in Göttingen bemerkt (ich hätte es auch bei Bölls in der Eifel sehen müssen, aber da fiel es nicht ins innere Blickfeld). Und hier bei Ludolf Müller** in Tübingen. Mitte Oktober, wir trinken Tee auf der Terrasse und lesen Tjuttschew. Was will man mehr?

---

* Albrecht Schöne. Germanist, Kultur- und Literaturhistoriker.
** Ludolf Müller. Slawist, Mediävist, Nachdichter.

23. Oktober 1984

F. Abramow*: »Wenn ihr nicht die Kraft habt, das Leben umzugestalten, dann müßt ihr den Mut haben, es umzudenken.«

23. Dezember 1984

Warum will ich über die Verwandten schreiben, über Papas und Mamas Schwestern? Waren sie, wir, die Reste von einem »Gut«? Mama blieben zuletzt immer weniger, mit denen sie sich erinnern konnte. Heute verstehe ich das. Ich habe hier außer Ljowa überhaupt niemanden...

8. Januar 1985 (Aus dem Brief einer Freundin aus Moskau)

»Woher nehmen die Menschen die Kraft zum Guten, wenn man nur heulen und heulen möchte?«

16. Januar 1985 (Notizen während einer Diskussion)

»Was soll man tun, damit es den Menschen besser geht?«

Versuchen um sich herum einen menschlichen Raum zu schaffen, nichts Böses tun, denen helfen, die neben einem leben. Die Familie, kleine Gemeinschaften, der Freundeskreis, das Seminar, die Schulklasse, das Krankenhaus. Wer sich darum nicht bemüht, wer das nicht kann, der wird auch in der Gesellschaft niemals etwas Gutes erreichen – das lehrt die ganze Erfahrung der Geschichte und auch meine persönliche Erfahrung.

»Für die Jungen ist das kein Appell, das reicht ihnen nicht.«

Ich kann nur sagen, was ich denke und glaube.

---

* Fjodor Abramow (1920–1983). Epiker, Literaturkritiker.

19. Januar 1985 (An einen Leningrader Freund)

»Boris Pasternak in den dreißiger Jahren«*. Die trockene
Sprache der Dokumente, aber welch ein Reichtum, die
Auswahl und Zusammenstellung und vor allem die
schiere, nackte Wahrheit der Geschichte selbst ohne
Idealisierung, ein Bericht nicht davon, wie man es gern
hätte und wie es sein müßte, sondern davon, wie es
wirklich war. Manchmal ist es furchtbar, wir kennen ja
das Ende, besonders schwer liest sich die zweite Hälfte
des Jahres 36. Das Verhältnis von Dichter und Zeit in seiner ganzen komplizierten Verwobenheit und Naivität,
mit seinen Verführungen – Verführungen nicht nur des
Dichters, sondern auch der Zeit selbst. Es ist kaum zu
beschreiben, wie leid wir es sind, nicht die wahre Geschichte, sondern immer neue Lügen und neues Ver-
schweigen vorgesetzt zu bekommen (andere als früher,
aber kein bißchen besser).

11. Mai 1985 (An den Enkel Dima in den USA)

Wir freuen uns, daß Du eine wichtige Arbeit hast. Aber
unsere Freude gilt auch noch etwas anderem, allgemei-
nerem: Du beweist, daß auch sehr unterschiedliche
Menschen einander verstehen können, wenn es auch
schwierig ist. In unserer heutigen Welt ist nichts wichtiger als das. Wir haben beide, mal einzeln, mal gemeinsam, Augenblicke oder Stunden von Verzweiflung, wo
es scheint, als könne man niemandem irgend etwas
erzählen, erklären oder vermitteln. Als seien die Barrie-
ren zwischen den Nationen, den Kulturen, den Blöcken
und sogar zwischen den einzelnen Menschen herme-
tisch verschlossen. Aber wir geben uns alle Mühe, dieser
Verzweiflung nicht zu erliegen.

---

* Ein Buch von Lazar Fleishman, Jerusalem 1934 (russ.).

16. Mai 1985

Nachts quälten mich Achmatowas Zeilen aus der »Nörd-
lichen Elegie«: »Sie kommen wunderbar ohne uns
aus...« Kam ich denn auch ohne sie aus? »Sich einleben«, »sich gewöhnen«, »sich anpassen«, »sich finden«
und so weiter... Und wenn doch plötzlich die Genehmigung kommt?! Aber ich komme eben nie und nirgends
ohne sie aus und lebe mich auch im Paradies nicht ein.

*20. Juni 1985 (Entwurf eines Briefes an Annemarie Böll aus dem
Tagebuch)*

Liebe Annemarie,

schon lange wollte ich Dir schreiben, wie sehr Du mir
geholfen hast und immer weiter hilfst. Der Anfang war
noch zu Hause, als Ihr beide unsere Gäste wart. Für
mich war es immer ein unlösbares Problem und Rätsel,
wie ich gleichzeitig Mutter, Ehefrau und berufstätige
Literatin sein sollte. Diese Bereiche, diese Lager sind
Feinde und nicht nur hinsichtlich der Zeit, sondern
auch in der Seele. Hier im Westen hat sich das noch ver-
schärft, obwohl ein wesentlicher Teil – Kinder, Enkel,
Freunde – dort geblieben ist, hinter der Mauer.

Deine ruhige, würdevolle Begabung, Deine Fähigkeit, diese Gegensätze zu überwinden und miteinander
zu versöhnen, wurde mir zum Vorbild, zur Hoffnung.

Man kann nichts direkt vergleichen. Deine Verhält-
nisse sind ganz anders. Aber die Probleme sind ähnlich:
Wie sind Deine Sorgen um Hein, René, Vincent, die
Enkel und um Deine eigene Arbeit – nicht einfach eine
Tätigkeit, sondern eine Notwendigkeit, um Du selbst zu
bleiben – zu vereinen... Das ist so schwer, manchmal
scheint es mir unmöglich. Und dann denke ich an Annemarie Böll. Ihr beide seid für mich nicht nur ein großes,
unverdientes Geschenk des Schicksals, Ihr beide, und in

gewissem Sinne besonders Du, seid mir auch zu einer Stütze geworden...

Zu jener Stütze, die ich am Anfang brauchte und heute brauche, um weiterzuleben.

Irgendwann sprach ich wieder einmal von der Sehnsucht nach meinen Kindern. Unsere Männer gingen vor uns, und Du zeigtest auf Lew und sagtest: »Das ist deine erste Pflicht...«

Annemaries Lächeln gehört zu dem Schönsten, was ich gesehen habe. Eine besondere Verbindung von Bescheidenheit und Würde – vermutlich ist es Deine Natur – und etwas Kindliches. Man kann es nicht nachahmen, aber man denkt in Augenblicken der Verzweiflung daran und beruhigt sich.

22. Juni 1985 (An eine Moskauer Freundin)
Ich habe auch früher nicht an übermäßigem Selbstbewußtsein gelitten, und jetzt, wo mir in Deutschland ein ganz und gar unerwarteter literarischer Ruhm zugefallen ist, habe ich völlig den Glauben an mich selbst verloren. Oder, genauer gesagt, ich verstehe überhaupt nicht mehr, was ich kann und was ich nicht kann oder schlecht mache. Hier, in dieser Welt, habe ich fast niemanden, der Profi ist, mich kennt und kritisch und anspruchsvoll, mit Liebe verfolgt, was ich schreibe. Ich weiß nicht, woran ich mich halten soll. Und ich will ja vorerst noch schreiben, was soll ich nur tun?

20. Juli 1985 (An die Kinder in Moskau)
Alles begann am 3. Juli. Annemarie rief an: »Heinrich wurde eben operiert, eine schwere Operation, aber Gott sei Dank günstig verlaufen.« Am Vorabend hatte er starke Schmerzen. Annemarie und Renate* haben ihn

---

* Renate Grützbach. Bölls Sekretärin.

kaum überreden können, daß man einen Arzt holt. Der hat befohlen: »Sofort ins Krankenhaus!« Und dort hieß es: »Sofort auf den Operationstisch!« Fünf Tage blieb er auf der Intensivstation. Von frühmorgens bis spätabends war Annemarie bei ihm.

Am 10. Juli hat man uns erlaubt, ihn zu besuchen. Zuvor hatten wir schon einige Male kurz mit ihm telefoniert. Beim Anblick waren wir beide erschrocken… Und immer Schmerzen, er konnte nicht ruhig liegen. Schlimm. Auch in der zweiten Woche nach der Operation konnte er noch nicht lesen, wollte nicht fernsehen. Wir versuchten ihn abzulenken, erinnerten ihn daran, wie 1979* Fasil Iskander in einem Trinkspruch auf ihn sagte: »Es ist leicht, ein Heinrich Böll zu sein, wenn man neben sich eine Annemarie hat.« Er lächelte nicht einmal und sagte, daß es sehr richtig sei. Schade nur, daß sie keine Chirurgin sei. Lew wollte ihn wie immer mit allerlei Geschichten unterhalten, aber es gelang kaum. Wir erzählten von unserem Telefongespräch mit Mascha. Sie hat seinen »Brief an die Söhne« in der »Literaturnaja gaseta« gelesen, war fasziniert und sagte, daß sie beim Lesen an den Roman »Und sagte kein einziges Wort« denken mußte, sie fühlte eine Verbindung. Heinrich bemerkte, daß sie das richtig empfunden hätte. Lew erzählte, daß er gemeinsam mit Efim Etkind den »Brief« für eine russische Zeitschrift im Westen übersetzen wollte. Doch wir waren froh, als wir ihn in der »Literaturnaja gaseta« sahen. Unsere Übersetzung hätten bestenfalls einige Tausend lesen können, so aber werden ihn schon mindestens zwei Millionen gelesen haben. Heinrich darauf, er habe es nicht gestattet, ihn dort zu publizieren. Am Montag, dem 15. Juli, rief er noch aus

---

* bei seinem letzten Besuch in Moskau

dem Krankenhaus an und sagte, daß er in wenigen Stunden nach Hause fahren würde. Man ließe ihn frei, damit er sich vor einer neuen Operation erhole, denn er fühlte sich immer noch sehr schlecht. Er wußte, daß wir am nächsten Tag nach Sylt fahren würden, und wollte auf Wiedersehen sagen. Aber er äußerte noch eine Bitte. Er hatte bereits erfahren, daß die Moskauer Publikation ein Raubdruck war. Sein Verleger hatte schon protestiert. Man habe ihm berichtet, die Übersetzung sei sehr gekürzt und entstellt, irgendein politischer Hintergrund stecke dahinter. Er bat uns, die Übersetzung zu überprüfen, was weggelassen, was entstellt sei. Und wir sollten es ihm zuschicken.

Am Dienstag fuhren wir frühmorgens ab. Im Zug verglichen wir die Übersetzung mit dem Original. Es dauerte vier Stunden. Die Übersetzung ist nicht schlecht, aber manches ungenau, manches verflacht. Gekürzt wurde mehr als ein Drittel. Viel Persönliches blieb weg und selbstverständlich auch eine Erwähnung über uns. Aber auch vieles, was wesentliche Züge des Zeitgeistes charakterisiert, blieb ausgespart.

Kaum stiegen wir in Westerland aus dem Zug, hörten wir aus dem Lautsprecher: »Herr Kopelew aus Köln, kommen Sie bitte zur Bahnaufsicht.« Wir rannten hin. In meinem Kopf drehte sich alles fieberhaft: Böll-Moskau-Böll-Moskau. In der Aufsicht reichte eine junge Frau Lew den Hörer. »Sie werden verlangt.« Die Stimme von Karl-Heinz: »Setzen Sie sich. Hören Sie mir sitzend zu. Eine schreckliche Nachricht. Heute früh ist Heinrich Böll gestorben.« Lew brach zusammen, weinte... Am nächsten Tag fuhren wir mit dem ersten Morgenzug.

Wir hatten verabredet, daß unsere Freunde uns in Köln am Bahnhof empfangen, dort steigen wir in den

Zug nach Düren um, von wo uns Karl-Heinz* mit dem Wagen weiterfahren wird. So war es am schnellsten. Im Zug versuchten wir beide über Heinrich zu schreiben. Das Schreiben lenkt etwas von dem Schrecken, vom Schmerz ab. In Hamburg gingen wir in den Speisewagen, dorthin kamen zwei Reporter, der eine begann sofort zu fotografieren, der andere wollte ein Interview machen. Sie waren natürlich von der Bild-Zeitung, die Heinrich Böll so gehetzt hat und die er so haßte. Lew lehnte jedes Gespräch mit ihnen entschieden ab. Doch sie knipsten immer wieder. In Köln am Bahnhof wieder ein Reporter dieser Zeitung. Aber Frau Roth, die uns mit Brigitte** in Empfang nahm, wies ihn auf Kölsch entschieden ab, nannte ihn »Aasgeier«, »schamlos«, »frevelhaft«.

Wir kamen in das Haus, in dem wir so oft – und heute erkennt man: wie selten doch – waren. Und wo man sich immer so heimatlich, wie in der eigenen Familie fühlte. Annemarie begegnete uns wie immer freundlich, zärtlich besorgt. Sie war konzentriert, sehr traurig, weinte verhalten. Lew schluchzte und schämte sich. Ich weinte, als wir zum Sarg traten. Wir küßten Heinrich die Hände...

»Du Alter«, so hatte er Lew bei jeder Begegnung begrüßt. Jetzt wird es keiner mehr so sagen. Wir blieben etwa zwei Stunden.

Der Kölner Stadtrat wollte für Heinrich als Ehrenbürger eine besondere Gruft errichten, aber die Familie lehnte ab und beschloß, ihn in dem Dorf Merten zu begraben, wo er und die Familie wohnten.

---

* Karl-Heinz Korn. Mitarbeiter von R. O. und L. K.
** Mechtildis Roth und Brigitte Segschneider-Brückner. Mitarbeiterinnen von R. O. und L. K.

46

14. November 1985

New York rast vorbei, wie es sich gehört: mit Lichtern, Menschen, Lunches, Dinners und am allerwenigsten mit Arbeit.

Mit Marshal und Colette* im Universitätsclub.

»Hier an der Columbia-Universität setzt man uns nicht ein, man benutzt uns nicht genug.«

»Aber Sie passen nicht in unser System, wie überhaupt in kein System. Wir wissen nicht, wie wir Sie einsetzen sollen...«

Er spricht davon, wie er zu uns in die Krasnoarmejskaja-Straße kam: »Ich hatte den Mantel noch nicht ausgezogen, da wurde ich schon mit den Hauptproblemen des Jahrhunderts konfrontiert. Ich kam mir wie ein Studienanfänger vor...«

19. November 1985

Yale. Und doch wäre diese Lebensform – das Unterrichten – für mich, für uns beide die beste. Das Unterrichten hätte nur Vorteile. Einzelne Vorlesungen – wie jetzt – und Forschungsprojekte, selbst die glänzendsten, sind kein Ersatz.

Sich hingeben. Ich sehe es mit Neid.

Ja, R. B.** hat wohl recht, daß viele Studenten nur für die Zensuren arbeiten und von Anfang an Konformisten sind. Aber ich bin sicher, daß es auch andere gibt und solche, die anders werden können, in denen ein guter Funke ist – dann entzünde den! Und dann wäre das Leben wirklich sinnvoll, und im Tod bliebe ein Teilchen Unsterblichkeit.

---

* Marshal Shulman. Historiker, Soziologe, Politologe. Colette Shulmann, seine Frau. Schriftstellerin.

** Rita Brakman. Literaturwissenschaftlerin, sie lehrt in Yale.

8. Dezember 1985

Ist nicht das größte Hindernis für die Verwandlung des Menschen in ein moralisches Wesen das »Streben nach Glück«? So müßte die Unabhängigkeitserklärung Amerikas und der ganze Komplex Amerikas gesehen werden.

21. Dezember 1985

Mama wünschte sich immer, daß man alles lobte: ihre Piroggen, die Plomben, die sie einsetzte*, ihre Suppe, ihre Kinder, Schwiegerkinder, Enkel ... Sie wurde hübscher, jünger, wenn sie gelobt wurde, und häßlicher, älter, war gekränkt und weinte manchmal sogar, wenn man sie auch nur im geringsten tadelte.

Ich habe Arlie** ausführlich von meiner Familie und Mama erzählt. Sie wollte wissen, warum ich meine Ungleichheit, meine abhängige Situation nicht eingestehe und zugeben will.

Und Mama war doch nach Papas Tod befreit – das habe ich an jenem Abend zum ersten Mal gesagt.

24. Dezember 1985

Habe den Film »Der kleine Lord« gesehen und geweint. Daß ein bißchen Gutes von deinem Leben bleibt. Weiter nichts. Helfen. Alles andere ist nicht wichtig. Wenn es nur den anderen ein kleines bißchen besser geht.

18. Januar 1986 (An eine Moskauer Freundin in Boston)

Wie wichtig ist es, daß wir einander über Tausende von Kilometern, Ozeane und eigene innere Grenzen hinweg hören ... Solange *das* noch bleibt, kann man sich auch weiterschleppen.

---

* Die Mutter war Zahnärztin.

** Arlie Hochschild. Autorin, Soziologin, sie lehrt in Berkeley.

27. Januar 1986 (An Freunde in Moskau)

In einem anderen Leben wäre ich ein Fisch. Ich hatte auch früher wenig sinnliche Leidenschaften und heute überhaupt keine. Ich esse nicht besonders gern, trinke nicht besonders gern – nur so schnell wie möglich und ohne viel Aufhebens. Es machte mir viel Spaß, mich zu kleiden. Heute freue ich mich, wenn sich meine Töchter und Enkel einkleiden. Ich gehe gern spazieren, leide aber ständig unter Zeitnot. Aber aus dem Wasser wollte ich fast nie heraus. Und ich verstehe Fasils Schirokolobyj* sehr gut: Freiheit – das ist, wenn es viel Wasser gibt.

28. Dezember 1986

Ein Abend am Kamin bei den Ahrendts**. Gemütlich, herrlich. Und es scheint doch sogar erschwinglich, warum haben wir keinen Kamin? Aber selbst, wenn man nicht ans Geld denkt, wann sollten wir da sitzen? Wo sind diese gesegneten Abende ohne drängende Termine, ohne Fernsehen?... Es gibt sie nicht und wird sie nie geben.

22. Januar 1987

Bei Elisabeth***. Während der Arbeit kommt ihr Freund. Ich frage besorgt: »Sie müssen ihm jetzt wohl etwas zu essen machen?« Beide lachen voller Mitleid mit mir, mit den unterdrückten Frauen. Dabei tue ich mir hier nicht im geringsten leid. So seltsam das scheinen mag – es ist sogar sie, die mir ein bißchen leid tut.

---

* Fasil Iskander, Lyriker, Epiker, beschreibt in einer Erzählung den Büffel Schirokolobyj, den Breitstirnigen, der sich ins Meer stürzt, um der Gefangenschaft (das bedeutet dem Schlachthof) zu entgehen.

** Armin und Gabriele Ahrendt. Freunde aus Bad Münstereifel.

*** Elisabeth Weber. R. O.s Freundin und ihre Deutschlehrerin.

Zu Hause sterben ... zu Hause sterben ... zu Hause sterben ...

> *Seit Jahren hat R. O. immer wieder versucht, zu ihren Ange-*
> *hörigen nach Moskau zu kommen. Sie wurde von ihnen einge-*
> *laden, hat sich auch selbst bemüht, als Touristin dorthin zu*
> *fahren. Alle Anträge wurden abgelehnt.*
> *Am 18. Februar 1987 schickte sie einen Brief an den sowjeti-*
> *schen Außenminister Eduard A. Schewardnadse.*

Sehr geehrter Eduard Amwrossijewitsch,
ich wage, Sie persönlich anzuschreiben, weil ich viel von
Ihnen als Staatsmann und als Mensch halte.

In den sechziger und siebziger Jahren kamen mein
Mann und ich jährlich nach Tbilissi, hielten dort Vorlesungen an der Universität und am Institut für Fremd-
sprachen. Alles, was wir von unseren Freunden und Kollegen erfuhren, und alles, was ich heute von dem großen
Umbau erfahre, der sich in unserem Lande vollzieht,
erlaubt mir, auf Ihre Vernunft und Ihr Herz zu hoffen.

Im November 1980 kamen mein Mann L. S. Kopelew
und ich auf Einladung unseres alten Freundes Heinrich
Böll für ein Jahr nach Köln. Aber nach zwei Monaten
wurde uns beiden durch einen Ukas des Präsidiums des
Obersten Sowjets der UdSSR – unterschrieben von Leonid Breschnew – das sowjetische Bürgerrecht aberkannt
wegen »Handlungen, die den hohen Rang eines Bürgers
der UdSSR schädigen«.

Ich habe nichts getan, was diese Formulierung recht-
fertigt, nicht damals, nicht später. Doch es geht hier um
etwas anderes.

In Moskau leben meine beiden Töchter, eine Stief-
tochter, meine Schwester, vier Enkelkinder. Dort am
Alten Krematorium befinden sich die Grabstätten mei-

ner Eltern. Nun sind es schon mehr als sechs Jahre, daß ich von Ihnen getrennt bin. In diesem Jahr werde ich 69 Jahre alt.

Seit Mai 1981 sind mein Mann und ich Staatsbürger der Bundesrepublik Deutschland. Einige Male versuchte ich, als Touristin nach Moskau zu fahren. Meine Gesuche wurden stets abgelehnt. Das letzte Mal im Januar 1987. Wir haben unsere Tochter Swetlana Iwanowa für einen kurzen Besuch nach Köln eingeladen. (Mein Mann wird bald 75 Jahre alt, in den letzten Monaten war er mehrere Male schwer krank.) Die Gesuche meiner Tochter wurden im Februar diesen Jahres abgelehnt, aufgrund einer neuen Anordnung des Ministerrats der UdSSR mit Verweis auf »Punkt 25 a«, aus Gründen, die »die Staatssicherheit betreffen«.

Wie kann meine Begegnung mit meinen Kindern, mit meinen Angehörigen die Sicherheit des Staates betreffen?

In diesen Jahren habe ich Deutsch gelernt; ich publizierte im Westen – auf russisch und in Übersetzungen – meine Bücher »Alexander Herzens letztes Lebensjahr«, »Eine Vergangenheit, die nicht vergeht« (Autobiographie), »Hemingway in Rußland«, »Die Türen öffnen sich langsam« (Notizen über die ersten Eindrücke in Deutschland). Zur Zeit wird mein Manuskript »Briefe aus Köln über Bücher aus Moskau« zum Druck vorbereitet; ich erzähle über die neuesten Romane von Jurij Trifonow, Valentin Rasputin, Fasil Iskander, Andrej Bitow, Wladimir Makanin, Tschingis Ajtmatow u. a. In der Herstellung befindet sich ein Buch, das mein Mann Lew Kopelew und ich zusammen geschrieben haben: »Wir lebten in Moskau« (1956–1980).

Von Zeit zu Zeit halte ich hier Vorträge vor verschiedenen Auditorien. Nicht nur von meinen Bekannten,

sondern auch in den deutschen Medien wurde ich mehr-
fach eine »Propagandistin der russisch-sowjetischen Literatur« genannt.

Jetzt laden mich meine Töchter nach Moskau ein.
Sicherlich brauche ich Ihnen nicht zu erklären, was es
für eine Mutter, eine Großmutter, eine Schwester bedeutet, so lange von ihren Nächsten getrennt zu sein.

Ich bitte Sie, eine neue harte Ablehnung zu verhindern. Ich hoffe auf Ihren Gerechtigkeitssinn und Ihren
Großmut.

8. März 1987

    Sich selber finden in sich selbst,
    Und nicht mehr aus dem Blick verlieren...*

Gibt es in mir noch irgend etwas *nicht* Verlorenes?

19. März 1987

Um Hilfe rufen kann ich nur auf russisch.

25. März 1987

Alexander Herzen: »Bei all unserer Nichtigkeit, dem
kaum wahrnehmbaren Flimmern des individuellen
Lebens besteht unsere ganze große Bedeutung einzig
darin, daß wir, solange wir leben, ... trotz allem wir
selbst sind und keine Puppen, die dazu ausersehen sind,
den Fortschritt zu erdulden oder irgendeine gestaltlose
Idee zu verkörpern. Wir müssen stolz sein, daß wir
nicht Nadel und Faden in den Händen eines Fatums
sind, das den Stoff der Geschichte webt ... Wir können
das Muster des Teppichs ändern.«

10. April 1987

Einen, nur einen einzigen Tag ganz für mich zu verle-
ben, den Bedürfnissen meines Körpers und meiner

---

* Zeilen aus einem Gedicht von Alexander Twardowskij

Seele entsprechend – mit Bäumen, einem Bad, einem leeren Blatt Papier in einem kleinen, nicht existenten Paradies ohne Schmerzen, ohne Krankenhaus, ohne all den Wirbel, nur mit denen, die mir nah sind...* Reine Utopie!

Zusatz, geschrieben 1989: Und es kamen noch viel schlimmere Krankenhäuser, und der Mensch weiß – zum Glück! – nichts über sich selbst.

17. Juni 1987
Trifonows Idee von einem Leben in zwei Stockwerken (im Roman »Das Verschwinden«) läßt mir keine Ruhe. Oben ist es fröhlich, hell, da sind Sonne und Menschen. Steigt man aber in den Keller hinunter, so ist es feucht, einsam und schrecklich.

Das ist nicht einfach nur eine Gefängnismetapher. Ungefähr schon einen Monat ist das mein innerer Zustand. Es ist das, was ich mir ständig über mich selbst, über uns beide verheimliche.

1. Juli 1987
Ljusja am Telefon: wieder abgelehnt. Jetzt ist wieder Zeit zu warten. Wird die Perestrojka so lange leben? Wird Gorbatschow so lange leben? Werde ich selbst so lange leben?

13. Juli 1987
Meine Hinwendung zu A. Herzen. Manchmal war es Schutz, Rettung. Flucht *weg zu* Herzen. Und manchmal war es eine Schicksalsüberschneidung. Ich vertiefe mich in Herzen, der den Samisdat zum Tamisdat** verwan-

---

* Um diese Zeit lag ihr Mann für mehrere Wochen schwer erkrankt im Krankenhaus. R. O. blieb Tag und Nacht bei ihm.
** Tamisdat – »Dortverlag«, d. h. Bücher russischer Autoren, die im Westen erscheinen. (A. d. Ü.)

delte – und mache selbst genau dasselbe. Ich habe Manuskripte weggeschickt, von denen ich manche nicht
mochte und die mir absolut fremd waren, oder auch solche, die ich gar nicht gelesen hatte, und verbat mir jegliche Zensur. Genau das war die Verwandlung des Samisdat zum Tamisdat.

Ich werde zurückkehren

Antworten auf eine Umfrage der Zeitschrift »Forum«*

1. Bedauern Sie, in den Westen emigriert zu sein?

Der Schmerz, daß ich emigrieren mußte, hat in vier Jahren nicht im geringsten nachgelassen.

*2. Haben Sie im Westen ein Zuhause gefunden? Fühlen Sie sich
hier frei?*

Ich habe nur ein Zuhause: Moskau, die Stadt, in der ich
geboren wurde, studiert, gelebt, meine Töchter zur
Welt gebracht, Bücher geschrieben habe, wo ich einen
kostbaren Schatz – meine Freunde – habe, wo meine
Eltern begraben sind. In Deutschland habe ich Gastfreundschaft, Unterstützung, Hilfe, Arbeitsmöglichkei-
ten, Leser und Freunde gefunden. Für all das und noch
viel mehr bin ich diesem Land, das mir außerdem eine
neue Staatsbürgerschaft anstelle der entzogenen verlie-

---

* Die russische liberal-demokratische Zeitschrift »Forum«, die
  Wladimir Malinkowitsch in München herausgibt, richtete im
  Januar 1985 diese Fragen an sowjetische Emigranten im Westen.

hen hat, zutiefst dankbar. Aber mein Zuhause ist nur Moskau.

Die äußere Freiheit hier ist mit der in unserer Heimat nicht zu vergleichen. Ich kann hier ungehindert reisen, lesen, schreiben, öffentlich auftreten.

Innerlich bin ich genauso frei (oder unfrei), wie ich es zu Hause war.

3. Würden Sie gern in die Heimat zurückkehren?

Ja, ich möchte zurückkehren. Das ist meine Sehnsucht. Ich träume von den vertrauten Straßen.

4. Ist das endgültige Verschwinden des heute bestehenden Regimes die Voraussetzung für Ihre Rückkehr, oder würden Sie auch bei weniger radikalen politischen Veränderungen in die Sowjetunion zurückgehen? Wenn »ja« – welche Veränderungen wären nötig?

Auf diese Frage antworte ich nicht. Ich stelle keinerlei Bedingungen.

5. Glauben Sie, daß es Ihnen irgendwann möglich sein wird, in die Heimat zurückzukehren?

Entgegen der offensichtlichen eisernen Logik der Tatsachen glaube ich, daß ich zurückkehren werde. Wenn ich nicht daran glaubte, könnte ich nicht mehr leben.

Hier ist mein Buch

Diese Ansprache hielt R. O. bei der Präsentation ihres Buches »Eine Vergangenheit, die nicht vergeht«, die von ihrem Verleger Albrecht Knaus im Kölner Gürzenich am 12. September 1985 ausgerichtet wurde.

Hier ist mein Buch. Was kann ich heute dazu sagen? Es ist, als wenn ich einem abgefahrenen Zug nachliefe.

Aber die Fragen, die mir vor 25 Jahren gestellt wurden, gehören nicht nur der Vergangenheit. Heute ebenso wie früher lese ich mit brennendem Interesse, wie andere Menschen solche Fragen beantworten, und ebenso wie früher finde ich keine endgültigen Antworten. Daß wir damals so waren, wie wir waren, das haben auch die äußeren Umstände bestimmt, hat auch der Zeitgeist geprägt. Doch viel wichtiger ist nicht, was das Leben mit uns gemacht hat, was uns beeinflußt, formt und verformt, sondern das, was persönlich bleibt, was in uns Widerstand leistet.

Ich will mich nicht rechtfertigen, will mich nicht auf äußere Umstände berufen. Die Verantwortung für mein Leben, für all mein Tun und Lassen trage ich allein.

Es täte mir weh, wenn mein Reuebekenntnis irgendwie politisch mißbraucht würde, wenn es als Rechtfertigung solcher Menschen benutzt würde, die anderen Götzen dienten.

Dantes Vers »Gehe deinen Weg und laß die Leute reden« und Luthers Worte: »Hier stehe ich, ich kann nicht anders« habe ich in meiner Jugend gerne wiederholt, aber ihren tieferen Sinn kaum erfaßt. Heute sind diese Maximen für mich eine Aufforderung: »Steh, wo du stehst, geh deinen Weg.«

Um zu erkennen, wo man stehen soll und welcher Weg der eigene ist, muß man innerlich frei sein.

Boris Pasternak sagte: »Niemand kann mir Freiheit schenken, wenn sie in mir selbst nicht keimt.«

Seinen eigenen Weg zu gehen ist in meiner Heimat sehr schwer. Auch hier ist es nicht leicht, obwohl die Schwierigkeiten ganz andere sind. Ich schätze Ihre demokratischen Freiheiten hoch, aber ohne eigene Teilnahme, ohne innere Freiheit bleiben sie nur äußerlich.

Dieses Buch ist den ersten Lesern der ersten niedergeschriebenen Seiten in Liebe gewidmet. Ich fühle mich mit meinen Liebsten, von denen ich seit fünf Jahren getrennt bin, noch stärker verbunden.

Für die deutsche Ausgabe dieses Buches wurden viele Abschnitte gründlich umgearbeitet, gekürzt, gestrafft, manche auch ergänzt. Meinen Freunden Elisabeth Markstein*, Elisabeth Weber, Brigitte Segschneider-Brückner, Mechtild Roth und Karl-Heinz Korn danke ich herzlich für viele gute kritische Ratschläge und unermüdliche praktische Hilfe bei der Vorbereitung dieser Ausgabe.

Aber nicht nur die Freunde, sondern auch viele, die mir Leserbriefe schrieben, meinen Lesungen zuhörten und Fragen stellten, sie alle haben mir geholfen, dieses Land und seine Menschen besser zu verstehen und dadurch die deutsche Ausgabe vorzubereiten.

Mein besonderer Dank gilt Ihnen, lieber Herr Knaus, und allen Ihren Mitarbeitern, die mit viel Mühe und Aufmerksamkeit dieses Buch hergestellt haben.

Hier möchte ich Herrn Knaus noch einmal für Grossmans Buch »Leben und Schicksal« danken. Es ist einer der bedeutendsten realistischen Romane der Gegen-

---

* Slawistin, Übersetzerin

wart. Und dieser Dank ist mit einer Hoffnung verbunden, daß Ihr Verlag den deutschen Lesern noch mehr russische Bücher bringen wird und daß noch andere Verlage Ihrem Beispiel folgen werden.

Vor 25 Jahren lagen auf meinem Moskauer Schreibtisch nur einige lose Blätter, die nur für die Meinigen bestimmt waren. Ich wußte genau, wem ich sie zu lesen gebe, konnte immer wieder etwas ändern. Heute ist daraus ein Buch geworden, in russischer, englischer und nun in deutscher Sprache. Und ich kann nicht mehr darüber verfügen.

Ich habe Angst – aber der Zug ist abgefahren.

An die fremde Jugend

Wenn ich mir heute in Erinnerung rufe, wie ich mir das Leben vorstellte, als ich sechzehn war, dann sieht es aus wie ein Weg nach oben. Der Begriff »Fortschritt« kam wohl erst später, aber es war ein Fortschrittsglaube. Vorwärts und hinauf.

Vladimir Nabokov spricht in seiner Autobiographie von zwei Abgründen: vor der Geburt und nach dem Tode; zwischen ihnen liegt der kurze Augenblick menschlicher Existenz. Ich konnte mir diese Abgründe nicht vorstellen und kann es auch heute nicht. Der Aufenthalt in dieser Welt dehnt sich also ins Unendliche.

Der Lebensweg war für mich keine Himmelsleiter. Eher ähnelte er der Rolltreppe in der Moskauer Metro: aus marmorner Tiefe in marmorne Höhe. Wer untätig ist, bleibt stehen, aber ich kann nicht stehenbleiben. Ich will laufen, laufen, immer nach oben.

So schnell wie möglich will ich den Weg bewältigen, ihn durchlaufen, ihn durchfliegen.

Doch als ich während des Studiums bei Lenin las, daß die Entwicklung der Gesellschaft sich in Spiralen vollzieht, freute ich mich. Nicht alles hatte sich in meiner geradlinigen Jugendzeit in eine direkte Aufwärtsbewegung eingefügt. Deshalb brauchte ich jene Spiralenabschnitte, die scheinbar zurückführen; dorthin ließ sich alles packen, was nicht mit aufstieg. Keine verschlossenen Kreise, keine Steilhänge, keine Abgründe – die konnte es nicht geben, weil so etwas nicht sein durfte.

Inzwischen habe ich Jahrzehnte zurückgelegt und bin wieder am Anfang. Mit großer Verspätung kam die Erkenntnis, daß Eltern etwas von ihren Kindern zu lernen haben; daß die Menschen früher nicht schlechter waren als wir, wenngleich auch nicht besser; daß das Mittelalter nicht mit dem Etikett »finster« und die Renaissance nicht mit Engels' Worten von der »Epoche, die Riesen brauchte und Riesen zeugte« ausgeschöpft ist. Nebenbei bemerkt, heute gehört wohl eher noch größerer intellektueller Mut dazu, um weiterhin von den Riesen der Renaissance zu sprechen.*

Die einfache Alltagserfahrung genügte nicht, um zu verstehen, daß Tag nicht gleich Tag ist, daß leere Monate verstreichen können, daß sich das ganze Leben in einem Augenblick konzentrieren kann. Dazu brauchte ich die große russische Dichtung des 20. Jahrhunderts, Bachtin, auch Fellini, Faulkner, die umgestülpten Welten der modernen Malerei, wo das traditionelle Oben und Unten, die Anfänge und Enden, das

---

* Gemeint ist die Verbreitung der Ideologie der »Neu-Altgläubigen«, die nicht nur moderne materialistische Anschauungen verwerfen, sondern auch die Ideen der Renaissance-Humanisten und der Aufklärung als Atheismus oder Ketzerei verschmähen.

Warum und das Weil ineinander verflochten und verwoben sind.

Wenn mir die Welt in der Jugend so grenzenlos erschien, warum mußte ich dann so hasten?

Ich sehe, wie auch du eilst. Du willst alles verschlingen. Du hast Angst, daß dir etwas verlorengehen könnte. Plötzlich übersiehst du irgendein Buch, plötzlich schaffst du es nicht als erste, ein neues Lied zu hören, eine Aufführung oder einen Film zu sehen.

Ich sehe dich an und erblicke mich selbst. Wir sind uns ganz und gar nicht ähnlich. Auch die Zeit ist eine andere. Der dünne Verbindungsfaden leuchtet auf und verschwindet wieder. Ich versuche, ihn zu ertasten.

Jetzt, wo ich mich beeilen müßte, wo der Horizont immer näher rückt, jetzt belastet mich gerade die Hast, sei es im Alltagsleben, sei es auf existentieller Ebene.

Nicht, daß ich mich nach Langsamkeit sehne – nach wie vor liebe ich jede schnelle Bewegung –, ich sehne mich nach dem natürlichen Rhythmus. Er ist uns von der Natur gegeben.

Wie jedes junge Mädchen wartest du auf Liebe. Was für einen Mann möchtest du treffen? Ich war viel dümmer als du; ich sagte zum Beispiel, daß ich nur einen guten Volleyballspieler heiraten würde. Ich glaubte mit sechzehn Jahren ernstlich, daß die Großen nur Große heiraten, die Gebildeten nur Gebildete und so weiter.

Seine Hälfte zu finden – und das auf Anhieb – geschieht sehr selten. Manchmal – auch nicht oft – finden zwei Menschen allmählich zueinander, werden zu Hälften.

Das ist nicht einfach. Viel einfacher ist es, Länder und Staaten umzugestalten, Landkarten zu verändern als zu lernen, im anderen Menschen eben den anderen zu sehen, den, der dir nicht ähnlich und in dieser Unähnlichkeit nicht besser oder schlechter ist als du, sondern einfach anders. Das andere zu verstehen. Und manchmal zu verzeihen.

All das wird ohne viel Überlegung durch die Liebe möglich. Besonders den Frauen. Doch auch durch eine große, oft lebenslange seelische Arbeit und Anstrengung. Und wie jede Arbeit kann sie auch vergebens sein.

Im August 1934 kam ich aus dem Kaukasus zurück. Im Zug lasen Papa und ich in der Zeitung über den Ersten Schriftstellerkongreß.

»Ich will ganz schnell groß werden und beim zweiten Kongreß dabei sein«, träumte ich. »Das will ich unbedingt.«

Zwanzig Jahre später. Der Zweite Schriftstellerkongreß. Der Säulensaal. Ich habe eine Gasthörerkarte; einige meiner Aufsätze zur amerikanischen Literatur waren bereits veröffentlicht. Gott sei Dank hielt ich mich selbst überhaupt nicht für eine Literatin. Aber ich gehöre, wenn auch ganz am Rande, zu dieser märchenhaften Welt. Ich sehe und höre die Schriftsteller. Der Kongreß ist die erste große öffentliche Versammlung nach Stalins Tod. Die ersten Schritte zum Tauwetter, die ersten offenen Reden. Ich schreibe alles mit und berichte den Freunden. Meine Rolltreppe stieg. Und ich lief sogar noch aufwärts mit.

Aber ich wußte noch nicht, daß ich zunächst nirgendwo angekommen war.

Ich hatte am Zweiten Kongreß teilnehmen wollen. Dazu hatte ich mich in eine Warteschlange einreihen und mich darin vorwärts bewegen müssen. Nicht schneller als die anderen, ohne zu drängeln, gemeinsam.

Daß ich mich um das äußere Erreichen eines Zieles bemühte und nicht um die innere Vervollkommnung, wurde für mich teilweise verhängnisvoll. Ohne das hätte ich mich vielleicht früher gefunden.

Eine andere Einstellung zur Welt, zur Zeit, zum Lebensrhythmus ist wohl altersbedingt, dann glaubt man, nichts vermitteln zu können. Aber ich schreibe dies nicht nur für die fremde Jugend. Auch für meine Altersgenossen. Auch für mich selbst.

Wollte ich irgendwann von meiner imaginären Rolltreppe abspringen, in eine andere Richtung gehen, gegen die Regeln handeln? Manchmal ja.

»Andersherum« – das will jeder Jugendliche. Aber ich bin nicht abgesprungen. Mein Gehorsam hat mich daran gehindert. Das staatliche »Untersagt!« kam in meinem Leben nach dem elterlichen und stützte sich darauf.

Die Sechzehnjährigen heute stehen nicht in der Gefahr allzu großen Gehorsams. Doch häufig begegne ich einem »Andersherum-Verhalten«, das dem gesellschaftlich vorgeschriebenen Verhalten nur scheinbar entgegengesetzt ist. Einem verkrampften, eitlen, oberflächlichen.

Die Antimode ist nicht besser als die Mode.

Unter den heutigen Langhaarigen gibt es vermutlich sowohl das eine wie das andere. Man soll das nicht alles in einen Topf werfen.

Wie entsteht Kultur? Was ist beständig, was vorübergehend, flüchtig?

Ich sehe flackernde Lichter. Manchmal hält einer die Kerze, und andere drängen sich zum Licht. Manchmal ist niemand in der Nähe. Nur die Kerze und ihr Widerschein.

... Die moslemische Schule in Buchara. Ein großer Mann in weißem Gewand führt uns durch die Stadt; er wird ehrfürchtig von jung und alt gegrüßt. Sergej Jurenew war Archäologe, Heimatkundler. Nachdem er im Lager gesessen hatte, war er nach Buchara gekommen. (Er hatte das Museum in Klin vor den Deutschen bewahrt, hatte es nicht ausplündern lassen und war nachher als »Kollaborant« verurteilt worden.)

In seiner Mönchszelle gab es die sonderbarsten Dinge: Steine, Krüge, Aquarelle. Eine ungewöhnliche Büchersammlung: von einem Bändchen Gumiljow bis zu einer Werkausgabe von Paul de Kock auf französisch.

Er hinterließ keine Werke und gründete keine Schule. Er schuf sich sein eigenes Leben wie ein Kunstwerk. Er war mit den alten Mauern verwachsen und schenkte Bucharas Schönheit anderen Menschen. Mit seinem Tod ist nicht nur seine Zelle leer geworden; Buchara ist ärmer geworden, ärmer sind alle, die dorthin fahren.

... Ein Keller in einer Tallinner Gasse am Weg nach Wyschgorod. Ringsum bevölkerte Straßen, Geschäfte, Scharen von Touristen. Wie oft bin ich vorbeigegangen. Im Keller ist es still und dunkel. Hier hat ein Meister gearbeitet, Tomas Enke. Er hat Laternen gemacht. Kerzenhalter. Und Vogelhäuschen.

Hier steht ein schwerer alter Tisch. Kerzen. Widerschein.

Eine kleine Nische im Kellerraum. Darin liegt ein Schädel. Dieser Keller ist Teil eines Dominikanerklosters. Ferne Vergangenheit in naher Vergangenheit, Plusquamperfekt im Imperfekt. Der Meister lebt nicht mehr. Er hat der Stadt die Laternen gelassen. Lichter hat er entzündet, die nicht ausgehen.

... Jurij Lotman, Professor für Philologie in Tartu (Dorpat). Nichts weniger als Einsiedlertum: Lehrstuhl, Rektorat, Ministerium, Anweisungen, Instruktionen, öffentliche Auftritte, Programme, Prüfungen, sogar eine Hausdurchsuchung. Ein internationales Zentrum für Semiotik. Berühmtheit zu Lebenszeit. Und dennoch – die eigene Nische. Ich weiß nicht, ob er an eine Nische gedacht hat, als er 1949, zur Zeit der antisemitischen »Kosmopolitenhetze«, nach Tartu kam. Ein Vierteljahrhundert lang reift die Idee, werden Samenkörner aufs Papier, ins Auditorium geworfen. Kein geringer Teil verfällt. Hier ist der Boden zu steinig. Dort wächst Unkraut. Dort sind die Körner selbst verfault. Doch einige gehen auf. Er bringt die Ernte ein.

In einer Briefrezension auf einen Gedichtband überraschte mich ein treffendes Bild: »der abgekoppelte Wagen«. Zunächst teilte ich ganz die negative Einstellung; ein abgekoppelter Wagen ist schlecht, der Wagen soll sich bewegen. Ebenso der Mensch. Ebenso die Gefühle.

Doch während ich weiter nachdenke, frage ich mich: warum denn? Warum muß es schlecht sein; besonders wenn der Zug in die falsche Richtung fährt? Im abgekoppelten Wagen kann man vielleicht wenigstens sich selbst retten.

Den Lärm ausschalten. Nicht »Majak« (sowjetischer Sender) und nicht »Voice of America« hören. Versuchen, sich selbst zu hören. Sich nicht auf die »Deutsche Welle« einstellen. Nur auf die eigene.

Die Stille kann lange dauern, sehr lange. Tage, Wochen, Monate. Auch die Stimme braucht Zeit, um durchzudringen.

(Hunderte von Manuskripten, die in den letzten zwei Jahren in der UdSSR publiziert wurden – Romane, Gedichte, philosophische, ökonomische, geschichtswissenschaftliche Arbeiten –, sind Früchte, die trotz der Stagnationsjahrzehnte gewachsen sind. Es haben sich Gedanken, Gefühle angehäuft, beschriebene Blätter in den Schubladen angesammelt.

Es gibt auch Arbeiten, die erst jetzt geschrieben worden sind, aber das besagt nur, daß das Durchdachte, Erlebte, Erlittene im Kopf, in der Seele des Autors herangereift ist und jetzt den Weg aufs Papier gefunden hat.)*

Doch mit sechzehn Jahren will man alles erleben, alles aussprechen. Mir tun die besonnenen jungen Greise und Greisinnen leid, die sich im voraus ausrechnen, wie viele Bücher ein Mensch im Leben durchlesen kann, und die sich im voraus Grenzen setzen.

Aber auch eine unbegrenzte Aufnahmefähigkeit kann leicht zur Oberflächlichkeit werden. Auch der Eindruck muß sacken können, um dein eigener zu werden. Und die Seele muß ein Fassungsvermögen behalten, einen Raum, wohin er sacken kann.

Ich weiß nicht, was man tun soll, um sich nicht im engen Raum »nur für Zugelassene« abzukapseln – eben das ist eine reale Gefahr für dich –, um in der Menge der riesigen Rolltreppe »für alle« nicht verlorenzugehen. Darauf gibt es keine allgemeingültige Antwort; jeder muß sie auf seinem eigenen Weg suchen.

Wie ist der schmale Grat zwischen »alles ist erlaubt« (der unvermeidlichen Folge von Elitezugehörigkeit: die anderen dürfen nicht, ich darf) und dem gehorsamen »alles ist verboten« zu finden? Das eine ist so verderblich wie das andere.

Ein Gefühl der Ohnmacht. Wie kann ich helfen?

Man möchte eigene Erfahrungen mitteilen; ich tröste mich mit der Hoffnung, daß es möglich ist, vor Irrwegen zu warnen. Seitdem ich das Altwerden zu spüren begann, wurde mir immer klarer: Man soll das weitergeben, was man selbst durchlebt, durchfühlt, durchdacht

---

* Nachtrag 1988

hat; ohne sich euch anzupassen, ohne den Versuch, euch einzuholen, sich selbst treu bleiben.

Manchmal, in besseren Augenblicken, hoffe ich: Es gibt doch eine Sphäre, wo wir einander berühren. Das bedeutet, ich muß von meiner Zeit und von mir selbst berichten.

In schlechteren Augenblicken, und die sind öfter, verzweifele ich an der Unmöglichkeit zu hören, an der Unmöglichkeit, gehört zu werden.

Doch wenn ich nicht hoffen würde, auch nur einen Tropfen meiner Erfahrungen weiterzugeben, könnte ich nicht eine einzige Zeile schreiben.

(Moskau 1976–Köln 1988)

Meine Pflicht

»... ein entscheidender Wandel im Selbstbewußtsein der Intelligenzija oder zumindest eines bedeutenden Teils derselben besteht darin, daß sie sich nicht mehr der Obrigkeit oder dem Volk verpflichtet fühlte«, schrieb in den achtziger Jahren ein Moskauer Literat, der später emigrierte. Derartige Überlegungen habe ich auch früher schon gelesen und gehört. Ich teile sie nicht.

Der Obrigkeit bin ich überhaupt nicht verpflichtet. Und dem Volk fühle ich mich nach wie vor verpflichtet.

Ich war zwölf, als ich in die Kaserne am Strastnoj Boulevard trat, mich an die Tafel stellte und mit Kreide »Mascha ißt Kascha« und »Wir sind keine Sklaven«* anschrieb. Die jungen Männer in den Rotarmistenhemden schrieben ab. Noch der jüngste von ihnen war älter

* Die ersten Sätze im ABC-Buch für erwachsene Analphabeten

als ich. Ich brachte ihnen bei, was ich selbst vor kurzem von meinen Lehrern gelernt hatte. Ich fand es interessant zu unterrichten, und außerdem spürte ich, daß ich denen, die gearbeitet hatten und deswegen nicht hatten zur Schule gehen können, etwas von meiner Bildung abgeben müßte.

Dreißig Jahre später erzählte ich Bibliothekaren und Lesern über Hemingways Roman »Wem die Stunde schlägt«. Der Roman war auf russisch noch nicht erschienen. Und wieder waren es dieselben Empfindungen wie in der alten Kaserne: Freude und ein Gefühl von Verpflichtung.

Zwei weitere Jahrzehnte vergingen. Jetzt erzähle ich in Deutschland von der Kultur meines Landes.

Während ich lernte (in der Schule, am Institut, während der Aspirantur) ernährten und kleideten mich andere. Ihnen bin ich verpflichtet. Dieses Bewußtsein haben mir meine Eltern, ältere Freunde, Lehrer und meine geliebten Bücher vermittelt. Und zu diesem Erbe stehe ich auch heute.

Es scheint auch in meinem an Irrtümern reichen Leben kaum noch andere Linien zu geben, die sich so unverändert durch ein halbes Jahrhundert hindurchziehen.

In der neuen Epoche ist die Beziehung zwischen dem gebildeten und dem ungebildeten Teil der Gesellschaft, zwischen Intelligenzija und Volk unendlich viel schwieriger geworden. Aber diese Grundlage, die Pflicht, bleibt für mich unverändert. Und ich weiß, daß nicht nur ich, sondern viele Lehrer, Literaten, Ärzte und Wissenschaftler so empfinden – deswegen habe ich beschlossen, darüber zu schreiben.

Wenn Lew Kopelew und ich seit Beginn der sechziger Jahre zu Vorlesungen in uns unbekannte Städte kamen, dann suchten wir immer »Großvaters Bücherschrank«, suchten jene Wohnungen, wo die Liebe zum Buch von Generation zu Generation weitergegeben wurde; immer wieder fanden wir die kleinen ungelöschten Herde der Kultur.

Wir spürten die unauslöschliche Wärme eines solchen Herdes im Haus von Maximilian Woloschin* in Koktebel. Oder in der Kiewer Wohnung des Akademiemitglieds Sergej Iwanowitsch Maslow, in der Wohnung seines Sohnes, des Linguistikprofessors Jurij Sergejewitsch in Leningrad, und dann in der seines Enkels, Sergej Jurjewitsch, unseres früh verstorbenen, unvergeßlichen Serjosha.

Wir spürten die Ausstrahlung in Kornej Iwanowitsch Tschukowskijs** Haus in Peredelkino.

Wir spürten und verstanden, daß die Bücherborde, die Bilder und Stiche an den Wänden, die Schreibtische, die vergilbten Briefe und Manuskripte in diesen Häusern nicht einfach nur Gegenstände sind, die man ansehen und anfassen kann. Sie haben lebendige Seelen und strahlen einen Geist aus, der sterbliche Menschen bei weitem überlebt.

1968 hielten wir Vorlesungen in der Universität Saratow. Das Niveau der Zuhörer war erheblich höher als bei unseren früheren Lesereisen. Bald erfuhren wir, warum.

Der bedeutende Gelehrte und Pädagoge Julian Grigorjewitsch Oxman*** war nach acht Jahren schwerer

---

* Maximilian Woloschin (1877–1932). Dichter, Maler, Historiker. Sein Haus auf der Krim war eine Zuflucht für viele Autoren und Verfolgte. Während des Bürgerkriegs versteckte er Weiße vor Roten und umgekehrt.

** Kornej Tschukowskij (1882–1969). Lyriker, Kinderbuchautor, Literaturwissenschaftler und Übersetzer.

*** Julian Oxman (1895–1970)

Lagerhaft nach Saratow verbannt worden, wo er von 1945 bis zu seiner Rehabilitierung 1955 lebte. Wir trafen Oxmans »Kinder«, diejenigen, die bei ihm selbst studiert hatten, und seine »Enkel«. Auch in der zweiten Generation strahlte das Licht des starken Denkens, des aufrichtigen Wortes, das Licht wahrer, russischer Intelligenz.

Verschiedene Menschen hatten vor Oxman gesessen, es gab da auch Ungebildete, Stumpfsinnige, Spitzel, Karrieristen und Gleichgültige. Doch auch Ljudmila Magon* hatte dort gesessen. Es waren Oxman und Skaftymow** gewesen, die sie gelehrt hatten, Lermontow zu lieben, russische Dichtung zu hören und zu verstehen. Und Ljudmila selbst wurde zu einer bedeutenden Aufklärerin in der russischen Provinz.

Julian Oxman konnte schreiben, wissenschaftliche Arbeiten veröffentlichen und sein ganzes, großes Talent für die Interpretation der russischen Klassik einsetzen. Es war ihm auch ein inneres Bedürfnis mitzuteilen, abzugeben – und das nicht nur aus »praktischen« Gründen.

Was Oxman in Saratow tat, tat der verbannte Michail Bachtin*** in Saransk. Und in Uljanowsk leuchtete das Feuer im Haus des Entomologen und Biologen Alexander Ljubischtschew. Es gibt wohl kaum eine Stadt, in der nicht mindestens ein solches Haus zu finden wäre. Und natürlich waren es nicht nur Verbannte, die lehrten, heilten und selbst durch die dunkelste Zeit Lichter trugen. Und deswegen wurde der Wandel möglich.

Wir fanden die Bücherschränke der Großväter. Und die alten Bücher sind auch eine Antwort auf die Frage,

---

* Ljudmila Magon (1928–1974). Pädagogin.

** Alexander Skaftymow (1890–1968). Philologe.

*** Michail Bachtin (1885–1975). Philosoph, Kulturtheoretiker.

wie so etwas möglich war. In einem Brief aus Moskau schreibt mir eine Mutter, daß sie mit ihrer zehnjährigen Tochter so viele Werke der russischen Klassik wie möglich lesen will, bevor sie ihr in der Schule verleidet werden. Über die Berechtigung derartiger Sorgen sind schon Bände geschrieben worden. Und dennoch – wenn Hunderttausende, ja Millionen von Menschen einem unmenschlichen Regime zum Trotz Menschen geblieben sind, so verdanken sie das auch Puschkin und Tolstoj und Tschechow. Wie viele haben Tschechows Brief an seinen Bruder gelesen – ganz schlichte Gebote, wie ein wahrer Intellektueller sich verhalten kann und muß. Gebote, die jedem verständlich sind. Ich bin auch heute noch überzeugt, daß Puschkins »Die Hauptmannstochter« und seine Gedichte im Streit mit umfangreichen populären Lehrbüchern und wissenschaftlichen Kommentaren siegen.

Die Menschen, die Licht brachten, erfüllten auch eine Pflicht – sich selbst gegenüber, aber auch dem Volk gegenüber.

Und Lew Tolstojs leidendes Gewissen, sein Umherirren, sein leidenschaftliches Bemühen, den Kindern von Jasnaja Poljana etwas zu vermitteln – auch das ist meiner Meinung nach ein notwendiger Bestandteil unseres Erbes, ein notwendiger Bestandteil des Begriffes »Intelligenzija« selbst.

Von Tolstoj führte ein direkter Weg zu der Bibliothek in Peredelkino, die Kornej Iwanowitsch Tschukowskij eingerichtet hat. In der traurigen Geschichte dieser Bibliothek nach Tschukowskijs Tod kann man eine Bestätigung der Ansicht sehen, daß ein »solches Volk nicht verdient, daß man ihm diente«: Unqualifizierte Angestellte und ihre Gleichgültigkeit führten zum Verfall der so liebevoll erdachten Sache und zum

Brand. Viele Literaten lehnten es ab, dort aufzutreten: »Wer braucht das schon?« Der Schriftstellerverband intrigierte schändlich gegen das Museum in Tschukowskijs Haus. All das stimmt. Aber auf der anderen Seite sind da die Jungen und Mädchen. Ich sehe sie die Serafimowitsch-Straße entlang ins Knusperhäuschen laufen, mit Büchern unter dem Arm und voller Vorfreude. Wie sie heranwachsen, hängt auch von uns ab. Kornej Tschukowskij hat seine Pflicht erfüllt und sie uns als Vermächtnis hinterlassen.

Ich bin nicht in der Lage, mir vorzustellen, was »das Volk« ist. Ich sehe Schüler. Eigene und fremde. In der Schule, am Pädagogischen Institut, in der Universität. Zuhörer bei Lesungen in verschiedenen Städten.

Ohne Schüler und Lehrer ist »das Volk auch nicht vollständig«.*

Die einen meinen, die Welt sei ihnen etwas schuldig. Sie beklagen sich bitter über alles, was ihnen nicht gegeben wurde, was sie nicht bekommen haben. Andere glauben, daß sie der Welt etwas schuldig sind. Sie beklagen bitter, daß es ihnen nicht gelingt, alles zu geben, was sie gern geben würden. Das sind die wahren Intellektuellen.

Nicht jedem ist es gegeben zu sehen: Das sind die Früchte meiner geistigen Tätigkeit; das ist jemand, den ich erzogen habe. Aber das ist auch nicht so wichtig. Der Weg, die Idee ist wichtiger als das Ergebnis. Ich denke an Tschukowskijs Worte: »Die Pflicht des russischen Intellektuellen ist es, zwei Ähren zu züchten, wo nur eine gestanden hat«, und auch auszusäen, ohne darauf zu rechnen, daß man selbst die Ernte einbringt.

* Andrej Platonow: »Ohne mich ist das Volk auch nicht vollständig.«

Der anfangs zitierte Literat behauptet, daß die neue, gewandelte Intelligenzija sich endlich von dem Verlangen befreit habe, in der »dunklen, unpersönlichen« Masse des Volkes aufzugehen. Ich rufe durchaus nicht zur Dunkelheit auf. Aber mir ist Boris Pasternaks Weltempfindung näher:

> Leben – nur ein Augenblick,
> Nur ein Sich-Auflösen
> Von uns selbst in allen anderen,
> Um uns ihnen zu verschenken.

(1986)

Sich selbst finden I

Aus Tagebüchern und Briefen (1987)

28. August 1987 (An Swetlana)
Heute erwachte ich zum ersten Mal mit dem schlimmen Gedanken, es wäre besser, nicht aufzuwachen. Ich fürchte die Realität. Obwohl ich selbst allen sage, wie schön es ist, daß man es so früh entdeckt hat, dennoch...

Operieren wird mich anscheinend einer der besten Chirurgen. Er hat unsere nahe Freundin operiert (Schilddrüse) und einen Bekannten (sehr komplizierte Lungenoperation). Sie alle sind Deine Altersgenossen und jünger... Bis heute dachte ich nicht an Operation. Sehr viele Sorgen: alles ordnen, aufschreiben, zu Ende führen, zurücklassen. Ich weiß schon, daß ich nicht mehr alles schaffen werde, aber doch einen Teil. Heute will ich noch eine Suppe für drei Tage kochen, Auberginen und anderes. Mascha hat uns Zeitungsausschnitte geschickt, bemerkenswerte, gestern abend und heute morgen haben wir sie gelesen, konnten uns nicht loslösen. Und auch noch »Ogonjok«-Hefte, »Moskowskije nowosti« (Moscow News). Gott, es ist doch wirklich *unsere* Zeit gekommen; und bei mir so...

31. August 1987 (Im Krankenhaus)
Immer deutlicher spüre ich den Sinn des Fastens. Untersuchungen. Ich lebe mit zwei Strophen:

> Ganz genau siebzig.
> Alter zum Sterben *

---

* Aus einem Gedicht von Alexander Galitsch über Boris Pasternak

Und

Ich trauere nicht dem Leben nach mit seinem
                                                        schweren Atem.
Was ist schon Leben, Tod, ich trauere dem
                                                        Feuer nach,
Das überm Weltall aufgeflammt
Und in die Nacht geht und im Fortgehn weint.*

Früher war Fet nicht für mich, darüber schrieb ich sogar, aber diese Strophe traf ins Schwarze. Gesichte: mein
zerfleischter, hilfloser Körper...

1. September 1987
Das Wort »Krebs« wird von keinem ausgesprochen.
Auch keine Gedanken darüber, sondern nur »durchhal-
ten« und daß nur kein »künstlicher Darm« gelegt wer-
den muß. Im Fenster sehe ich den Dom und den roten
Sonnenaufgang.

3. September 1987
Ich bin schon lange davon überzeugt, daß Geschwüre
vom Nervenstreß kommen. Außer den ununterbrochenen Krankheiten eine Ablehnung nach der anderen.**
Im vorigen Dezember hatte ich Hoffnung, aber vergeblich.

7. September 1987
Nun bin ich ein Vierteljahrhundert älter als damals in
Moskau*** und sage nicht mehr »ich blieb am Leben«,

---

  * Aus einem Gedicht von Afanassij Fet (1820–1892)

 ** Fünfmal wurden R. O.s Anträge auf eine Reise nach Moskau
    abgelehnt.

*** 1963 war R. O. schwer krank und mußte sich mehreren Opera-
    tionen unterziehen.

sondern ich blieb. Und Vika ist nicht mehr.* In dieser schrecklichen Krankheit erlebe ich nur die besseren Seiten: früh entdeckt, nichts weiter angegriffen, werde nicht bestrahlt, ideal untergebracht, und Swetunja** kommt ganz bald.

10. September 1987
Annemarie [Böll]: »Mein Gott, wie teuer hast du für das Wiedersehen mit deiner Tochter zahlen müssen!« Ich bin mit dem Preis einverstanden.

12. September 1987
… Immer noch fliegt der große Vogel über den schwarzen See. Jeden Augenblick kann er den Schnabel aufreißen, und ich, mein Körper kann in dieses Schwarz fallen. Doch als ich die Augen ein wenig öffne – das Ufer, hohes schilfartiges Grün und kein Vogel. Vorbei. Wozu? Dostojewskijs Antwort: »Ich war heute am Tode. Eine Dreiviertelstunde habe ich mit dem Gedanken verbracht, mein letzter Augenblick war schon da, und jetzt lebe ich immer noch! … Wenn ich auf die Vergangenheit zurückblicke, denke ich daran, wieviel Zeit umsonst vertan wurde, wieviel in Verirrungen, Fehlern, Müßiggang und Lebensunfähigkeit vergangen ist. Wie habe ich sie vergeudet, wie oft habe ich mich gegen mein Herz und meinen Geist versündigt – es blutet mir das Herz. Das Leben ist ein Geschenk, das Leben ist ein Glück. Jeder Augenblick könnte eine Ewigkeit von Glück sein.«***

---

* Viktor Nekrassow (1911–1987). Epiker, Essayist, Menschenrechtler; er starb in Paris am 3. September, einen Tag vor ihrer Operation.

** Der Tochter Swetlana wurde zum ersten Mal die Reise genehmigt, nachdem R. O. operiert worden war.

*** Aus Dostojewskijs Brief vom 22. Dezember 1849 an den Bruder

22. September 1987

Sweta sagt: »Mama, wie gut wir sie alle erzogen und ein-
geschüchtert haben, wenn sie im Chor ausrufen: Welch
ein Wunder, die Tochter ließ man zur schwerkranken
Mutter fahren.«

24. September 1987

Mit Rieseninteresse lese ich die Biographie von Walesa.
Es strömt zu mir etwas ganz Unbekanntes und zum Teil
auch Nahes, Verständliches.

2. Oktober 1987

Sweta spricht fast jeden Tag zu mir (sie erzieht mich),
daß in Moskau riesige Veränderungen eingetreten sind,
ganz andere Menschen, ganz anderes Milieu, daß ich
nicht finden werde, was ich suche.

9. Oktober 1987

Dieses Gefühl von Glück, das alles überlagerte, hat auch
die Hauptfrage überlagert: Wozu? Zu welchem Zweck
ließ man mich weiterleben und brachte mich über den
Abgrund hinweg?

Swetlana kommt

Die Narkose wirkte noch. Ich wußte nicht, daß man
mich von der Intensivstation schon wieder ins Krankenzimmer gebracht hatte. Das Telefon. Ich nehme ab:
Moskau. »Mama, du darfst nicht sprechen, hör zu: Ich
habe die Genehmigung bekommen, wir sehen uns ganz
bald...« Swetunja, Sweta, Töchterchen... Ich hauchte
wohl nur: »Mein Gott...«, aber sie hatte schon wieder
aufgelegt... Und ich flog noch immer über dem schwar-

zen, schwarzen See. Ein riesiger Vogel trug mich im Schnabel. Der Kopf hing zur einen Seite, die Beine zur anderen. Nur noch ein Augenblick, und ich würde in den schwarzen Abgrund fallen. Wenn es nur schneller ginge. Ein Streifen Ufer tauchte auf. Ich falle und falle. Vielleicht ist gar kein Wasser im See, sondern siedender Teer? Doch ich schlage auf die Erde auf.

Heftiger Schmerz. Zum ersten Mal so starke Schmerzen.

Warum nicht in den Abgrund? Wozu hat man mich am Leben gelassen? Was verlangt man von mir? Solche und ähnliche Fragen kamen erst später, aber etwas Vergleichbares regte sich schon damals.

Ein Augenblick der Klarheit. Du bist geblieben, um Sweta zu sehen. Und wieder völlige Umnachtung. Der Flug ging weiter.

In der Nacht nach der Operation mischten sich Realität und Trugbilder. Die Erscheinungen überwogen.

Gegenüber meinem Bett hing eine Tafel, ähnlich einer Wandtafel in der Schule. Die ganze Zeit maß man irgend etwas an mir und schrieb lange Zahlentürme an die Tafel. Darüber war eine Nachtlampe.

Lew beugte sich über mich, oder kam es mir nur so vor? Ich wußte im übrigen, daß man ihm erlaubt hatte, im Krankenhaus zu übernachten. Früh am Morgen hatte er mir das achte Kapitel von »Jewgenij Onegin« vorgelesen. Dann kam die Spritze, und ich schlief ein. Weiter erinnere mich an nichts mehr.

»Swetunja«, flüsterte ich Lew zu, aber er hörte es nicht, oder ich hörte die Antwort nicht.

Jemand Fremdes fragte, welche Sprache ich leichter sprechen könnte, Englisch oder Deutsch. Was für ein Unsinn einem in den Kopf kommt. Russisch natürlich. All das sind Krankenhausgesichte.

Übrigens erfuhr ich eine Woche später, daß der Krankenpfleger, der in jener Nacht Dienst hatte, ein Ire war. Er hatte alle halbe Stunde meinen Blutdruck gemessen und mich wirklich gefragt, welche Sprache mir leichter fiele.

Zwölfter Oktober, Sweta ist unterwegs. Seit der Operation sind acht Tage vergangen. Ich kann schon langsam allein durch den kurzen Korridor gehen. Bis zum Fahrstuhl. Am Vorabend hat man mir die letzte der zahlreichen Plastikschnüre abgenommen, die am Tropf angeschlossen waren und von denen ich von Kopf bis Fuß umwickelt war.

Mir scheint, daß ich die Zeit richtig berechnet habe, mit genügend Spielraum: Das Flugzeug soll ankommen... Paßkontrolle... Zollkontrolle... Der Zug von Frankfurt nach Köln, auf einen Sprung in unsere Wohnung, wenigstens die Hände waschen und die Sachen ablegen. Lew schafft es noch im Gehen, zu ihr zu sagen: »Sieh mal, ich hatte noch nie ein so phantastisches Arbeitszimmer...« Aber ansehen wird sie es später, abends. Ein Taxi und ins Krankenhaus.

Ich gehe drei-, viermal zum Fahrstuhl, aber stehen kann ich noch nicht, muß zurück ins Zimmer. Ich sitze im Sessel. Sie kommen herein... Habe ich Sweta gesehen? Ich weiß es nicht. Jetzt, wo sie wieder weg ist, sehe ich die Fotos an, wie all die endlosen Jahre hindurch. Wenn ich ihnen auch dankbar bin – diese Fotos, besonders die bunten, verfälschen und löschen das lebendige, geliebte, erschöpfte, einzige Gesicht...

Ich kann nicht beantworten, wie sie aussieht, ob sie älter oder jünger geworden ist oder sich gar nicht verändert hat.

Wir waren unablässig beschäftigt. Vom ersten Augenblick, als wir uns im Krankenzimmer umarmten, bis zum letzten in Frankfurt auf dem Flughafen. Nein, nicht mit den Krankenhausprozeduren. Wir taten alles, was nötig war, aber dann so schnell wie möglich zu anderem.

Wir waren beschäftigt. Wir gingen jede unser Leben durch und versuchten beide aneinanderzukoppeln. Mit jener Intensität, die nur bei einer begrenzten Frist entsteht. Nicht jene Frist, die jedem gesetzt ist und die zum Glück keiner kennt, sondern eine ganz gewöhnliche – ein Visum für dreißig Tage.

In unserem gemeinsamen früheren Leben hat es alles mögliche gegeben. Unstimmigkeit, Zwist und Annäherung, kleine Meinungsverschiedenheiten und ernste Divergenzen. Zuweilen dachte ich sogar traurig: Eine Mauer wächst zwischen uns. Doch als Lews und meine Abreise ins Ausland herankam, schwemmten Trennungsangst und Liebe alles andere, alle Ablagerungen weg – oder scheint es nur von heute aus so?

Wir hatten beide Angst vor dem Wiedersehen gehabt. Ich hatte diese Angst sorgsam vor mir selbst versteckt. Aber wir spürten sofort, im ersten Augenblick, daß es keine Trennung gegeben hatte. Ja, wir sind unterschiedlich, und wir haben unterschiedlich gelebt – schon früher und besonders in diesen Jahren auf den verschiedenen Seiten der Grenze. Aber das Entscheidende ist nicht abgerissen. Und jetzt müssen wir uns dringend, so schnell wie möglich aussprechen, die »weißen Flecken« ausfüllen, erzählen, erklären, uns verständlich machen, einander widersprechen, alles berühren…
Wir müssen beide – in langen Jahren der Liebe wohl zum ersten Mal – versuchen, tiefer in die Seele der anderen einzudringen, uns über das Gemeinsame freuen und die Unterschiede – wenn auch seufzend – akzeptieren.

In dem einen Monat durchläuft Sweta auch noch einen Schnellkurs: das hiesige Leben, Deutschland. Ich durchlaufe diesen Kurs seit sieben Jahren.

Auf die wiederholte Frage: »Nun, wie gefällt es Ihnen im Westen?« antwortete sie allerdings: »Wieso im Westen? Ich bin zu Hause. Meine Eltern haben ihre Küche einfach ein paar tausend Kilometer weiter nach Westen verlegt. Die Küche ist reicher und größer, aber alles andere hat sich nicht geändert. Auch die Menschen, die ich hier gesehen habe – was macht es schon für einen Unterschied, ob sie Deutsche oder Amerikaner sind –, es sind Vertraute, sie verstehen uns.«

Sweta gewöhnt sich an Deutschland, mich wirft es an meinen Anfang zurück.

Wir sitzen zusammen in einer Zeitmaschine. Die Maschine trägt uns durch Moskau, Leningrad, Shukowka, Peredelkino, Tallinn, Köln, München, New York, Paris. Städte, Jahre, Länder vermischen sich, unterbrechen einander. Mal kehren wir in ein nicht verdrängtes Gestern zurück, mal bleiben auch die zurückliegenden Geschichten unvollendet. Was wird mir nun in den Briefen oder am Telefon zu fragen bleiben?

Wenn man unsere Gespräche auf Tonband aufzeichnete, würden sie für einen Außenstehenden teilweise wie absurdes Theater klingen, sogar grammatisch sinnlos: »... in der Gorkij*...« Aber für uns ist das die alte Wohnung, ist das ein ganzes, versunkenes Leben.

Zwischen uns besteht ein starker Strom, der zuweilen sogar physisch anstrengend ist. »Mama, nun leg dich ins Bett und mach die Augen zu, die Operation liegt noch keinen Monat zurück.« Gehorsam lege ich mich hin und bemühe mich, alles zu tun. Aber wie soll ich den Strom abschalten?

Ich »bespreche« einige Wunden (die Ärzte und Schwestern behaupten, alles sei ganz normal, nach so einer Operation müsse es so sein und müsse weh tun):

* Gemeint ist: in der Gorkij-Straße.

»Wartet, meine Lieben, tut weh, so viel ihr wollt, aber erst, wenn Swetunja wieder weg ist…«

Jeder Morgen fängt damit an, daß ich mir das Gestrige vergegenwärtige und sogar versuche, gewisse Pläne für heute zu machen. Ich schreibe in mein Notizbuch: erstens, zweitens, drittens. Dann beginnt unser Gespräch, und alle Pläne verfliegen, wir stürzen von einem zum nächsten. Wir haben sehr viel geschafft, aber wir haben Angst – und das nicht zu Unrecht! –, daß wir nicht alles sagen, nicht alles fragen, einander nicht zu Ende erzählen können…

Swetunja, wo bist du?

(1987)

Sich selbst finden II

Aus Tagebüchern und Briefen (1987/88)

29. Dezember 1987
Ich lese wieder Tschechow. Ich weiß nicht, bin ich irgendwann mit dem Gedanken erwacht, daß kein Tropfen Sklavenblut in mir geblieben ist?* Und wer von meinen Landsleuten kann das von sich sagen? Daß er niemandem dient, auch der Glasnost nicht. Was brachte mich hierher, Tausende von Kilometern fern von meinem Haus, von meinem Nest?

28. Januar 1988 (An den Bruder Leonid)
Auch unsere laufenden Sachen gehen ja weiter. Korrekturen, Umbruch, Manuskripte. Du mußt, mußt, mußt! Arbeit über Arbeit. Das hat uns geholfen, alles zu ertragen, was wegfiel, aber jetzt hätte ich Sünderin gern etwas mehr freie Zeit (ich habe gar keine). Vor allem, weil ich jeden Augenblick mit Mascha** verbringen möchte – wer weiß, wann das wiederkommt… Aber auch, weil ich nicht mehr so viel schleppen kann. Alles läuft in automatischen Bahnen. Verstehst Du, heute ruft man an, lädt uns ein, bittet um Auftritte – aber morgen?

In vieler Hinsicht ist das wichtig. Allein schon das Gefühl, daß irgendwer dich braucht. Im übrigen hat man uns in den ersten Monaten in dieser Welt gesagt, daß das etwa ein, zwei Monate mit voller Kraft so wei-

---

* Anton Tschechow schrieb am 7. Januar 1889 an den Verleger Suworin: »Man muß Tropfen für Tropfen den Sklaven aus sich herauspressen.«

** R. O.s jüngere Tochter, Marija Orlowa, kam zum ersten Mal zu Besuch.

tergehen würde. Und dann würden sie einen vergessen. Aber mit Ljowuschka ist es nicht so, es geht nun schon seit sieben Jahren so und wird wohl auch so weitergehen, solange die Kraft dafür überhaupt reicht.

1. Februar 1988 (An eine Freundin in Moskau)
Schwer ist es auch, sich bis zum Ende sagen zu müssen: Vieles kann ich nicht. Wir bemühen uns, nicht aufzugeben. Mir fällt das schwer. Ich habe keine Schmerzen. Aber verschiedene andere Erscheinungen, die daran erinnern, was war, die gibt es von Zeit zu Zeit (und das sind nicht die besten Stunden meines Lebens). Sehr schlecht ist es mit dem Schlaf. Manchmal muß ich zwei Tabletten nehmen (so war es heute). Wir gehen möglichst jeden Abend vor dem Schlafengehen spazieren, aber das gelingt nicht immer. Und alles andere wirkt nicht.

Jetzt werde ich wieder einreichen*, vielleicht findet meine ersehnte Reise ja diesmal statt. Ich wage es nicht zu hoffen. Oft denke ich bei mir, daß ich nötiger war, als es allen schlecht ging. Ins Fertige zu kommen ist leichter. Im übrigen sind das nicht sehr feierliche Gedanken. Obwohl sie mich ziemlich beschäftigen.

25. Februar 1988 (An Swetlana)
Ich lese wie eine Süchtige. Gestern kamen wir spät und traurig nach Hause, aber »Nowyj mir« machte mich einfach glücklich. Und im Zug »Snamja«, »Literaturnoje obosrenie«, »Moskwa«. Den ersten Teil von Jampolskij** haben wir beide gelesen. Schöne Prosa. Aber der Autor

---

* Den Antrag für eine Reise nach Moskau
** Boris Jampolskij (1912–1972). Epiker.

oder der lyrische Held ist uns sehr, sehr fern. Einfach darüber, daß es überhaupt erscheint, freue ich mich schon nicht mehr so wie früher. Alles wird irgendwann langweilig. Ehrlich gesagt, muß ich mich manchmal zur Freude zwingen. Immer mehr Fragen und immer quälendere. Und immer weniger Antworten.

28. Februar 1988 (An eine Freundin in Moskau)
Ich sage nicht mehr: »Morgen fahren wir«, sondern immer: »Falls wir morgen fahren«. Dennoch – die Tatsache, daß wir schon so viel gefahren sind und sogar im letzten Jahr, ungeachtet der schweren Krankheiten, durch Deutschland und ins Ausland reisten, das ist eines der wichtigsten Geschenke unseres jetzigen Schicksals. Und wir haben es nicht im geringsten verlernt, das zu schätzen, nur überwiegt jetzt bei mir die Neigung, wenigstens ein bißchen in Ruhe am Schreibtisch zu sitzen.

Im Oktober ist mein Büchlein »Briefe aus Köln über Bücher aus Moskau« erschienen. Es sind fünf Porträts – Trifonow, Iskander, Rasputin, Bitow, Makanin – und ein allgemeines Kapitel. Vor allem möchte ich dieses Buch natürlich auf russisch herausgeben, wozu ich vorerst keine Möglichkeit sehe. Aber ich versuche es vorzubereiten, lese es wieder, verbessere das Manuskript, nicht eine Seite bleibt verschont. Alles bewegt sich so schnell, daß bald das eine, bald das andere zum Anachronismus geworden ist. Man sollte es stehenlassen, aber das kann ich auch nicht.

Schon lange habe ich ein ungewöhnlich verlockendes Angebot von einem großen Verlag: eine Herzen-Biographie zu schreiben. Das ist ein uralter Traum von mir. Aber ich habe mich noch nie mit dem neunzehnten Jahrhundert beschäftigt. Mindestens zwei Jahre müßte ich alles andere sein lassen und nur lesen, was an sich wundervoll wäre. Aber ich möchte mich von den Vorgängen heute nicht lösen, ich kann es nicht, und – um hohen Stil zu benutzen (aber so hoch ist er auch wieder nicht) – ich sehe es als meine Pflicht an. Gerade heute fragen die Leute so viel, und es ist wichtig, kompetent zu antworten... Ich weiß nicht.

28. Februar 1988 (An eine Freundin in Leningrad)
Das Wochenende ist meine Lieblingszeit. Gewöhnlich sind wir dann ganz allein. Das ist unschätzbar viel wert. Nein, ich bin nicht zur Misanthropin geworden. Nur übersteigt dieser Bahnhof, der unsere Wohnung immer war und auch heute noch ist, immer mehr meine Kräfte, es ist immer schwerer zu ertragen.

Du fragst nach den Kontakten hier. Es ist sehr schwer, darauf zu antworten. Ich habe mich mit Sweta wohl über nichts so viel unterhalten wie darüber. Nur mit sehr wenigen kann ich, noch im Mantel, mitten im Thema anfangen: »Haben Sie im letzten ›Nowyj mir‹ gelesen...?« Ob hier irgendeine trennende Haut, eine Grenze zwischen den Menschen dicker, undurchdringlicher ist? Einfach mit irgendwem, selbst einem Nahen, zu reden, nur weil mir heute schwer zumute ist – das ist schwierig, fast unmöglich... Die Menschen hier (das ist ein Klischee, ich meine die Mehrheit) pflegen Kontakte, wenn es ihnen gut geht. Das ist mir noch immer ganz fremd. Wie ziemlich fest verschlossene Türen.

Ich versuche mir vorzustellen, daß ich plötzlich wieder in Moskau wäre. Nicht nur für kurze Zeit, sondern für immer, bis zum Ende. Kann ich mir vorstellen, von denen, die ich hier meine Freunde nenne und wirklich für solche halte, so einen Brief zu bekommen, wie heute von Dir (noch dazu nach sieben Jahren)? Ich fürchte, nein.

Unsere hiesigen Freunde sind fast ausnahmslos mindestens eine Generation jünger als wir. Das heißt, wir haben keine gemeinsame Vergangenheit. Bei Dir stört uns das nicht im geringsten. Das heißt, es ist natürlich immer etwas Besonderes, sich mit Gleichaltrigen zurückzuerinnern. Aber es stört uns trotzdem nicht. Aber hier muß man allzuviel erklären.

8. März 1988 (An Ljusja)
Gestern hätten wir beide auftreten sollen. Lew fühlte sich schlecht, so fuhr ich allein. Ungefähr zwei Stunden Fahrt. Der Veranstalter war ein Grundschuldirektor, seine Frau ist Lehrerin. Früher unterrichteten sie zusammen an einer Schule, aber als er Direktor wurde, ging sie an eine andere. Das ist kein Gesetz – es hätte auch so bleiben können –, aber ein Brauch. Beide beschäftigen sich viel mit Theologie, sie sind gläubige Katholiken, denken über diese Themen nach und schreiben darüber… Als ich zurückkam, war ich halbtot vor Müdigkeit, aber in gewisser Weise war ich auch befriedigt, wieder ein Inselchen erschlossen zu haben, wieder dreihundert Leuten von Iskander, Bitow und Pristawkin erzählt zu haben… Und zwei von ihnen habe ich ja Anfang Februar gesehen, und Fasil* gerade jetzt erst in Dänemark.** Man muß sich schon herumschleppen, solange es noch irgend geht.

---

* Fasil Iskander
** Vom 2.–4. März 1988 waren R. O. und L. K. Teilnehmer der »Louisiana-Konferenz über Literatur und Perestrojka« in Dänemark.

11. März 1988 (An einen Freund in Moskau)

Wir versuchen beide mit wechselndem Erfolg zu arbeiten. Wir sitzen am Schreibtisch. Lesen viel. Zu viel Wichtiges kommt von zu Hause. Wer hätte jemals auf so etwas zu hoffen gewagt?

Ja, eine letzte Frage will ich doch stellen. Das werden wir immer wieder gefragt: »Wie kann von hier aus geholfen werden?«

Wir antworten, so gut wir können, aber wir brauchen Korrektive wie in allem anderen auch. Wohl das Schwierigste ist für uns, sich ein bißchen zu vertiefen, wenigstens etwas von der Oberfläche loszukommen. Für Lew ist es besonders schwer, zum einen wegen seines Charakters, zum anderen, weil das Ausmaß seiner Belastung schwer vorstellbar ist. Besonders die Massenmedien fange ich allmählich wirklich an zu hassen. Und ich sehe ganz klar, daß man ohne Vertiefung riskiert, nur an vielen verschiedenen Oberflächen zu kratzen – eine keineswegs fruchtbare Beschäftigung.

13. März 1988 (An Ljusja und Mischa)

Noch zu meiner Belastung. Versteht Ihr, meine Lieben, wenn man so gedanklich sezieren und abwägen würde, dann käme dabei heraus, daß der Teil der Belastung, der eigentlich Arbeit ist, mir nicht nur zu leben hilft, sondern daß ich ohne ihn gar nicht sein könnte. Ein Rentnerdasein würde ich einfach nicht aushalten, wenn ich auch manchmal, ganz selten, von wenigstens zwei Wochen eines solchen Lebens träume. Dann würde alles über mich herfallen, was ich all die Jahre, besonders die letzten sieben, wegdränge und in den tiefsten Keller verbanne... Aber eine andere Last ist es, alle zu versorgen, »zu Tisch, zu Tisch«, das völlige Unverständnis, was das alles bedeutet, für viele Leute zu kochen – das ist wirklich schwierig. Aber Lew kann nicht ohne Sekretäre arbeiten. Große Empfänge geben wir schon lange nicht mehr. Na, und die Gäste…

Sehr fehlt mir auch die professionelle technische Hilfe. Alles tippe ich selbst, mache die Korrekturen, die Ablage, aber auch darüber haben wir hundertmal gesprochen, und nichts ändert sich.

26. März 1988 (An einen Freund in Moskau)
Wir haben uns gefreut, daß Sie und Ihre Frau so fest an die Perestrojka glauben. Uns kommen immer mehr skeptische Stimmen zu Ohren. Allzu schnell gewöhnen wir uns an alles. Wieviel von dem, was heute vorgeht (besonders von dem, was veröffentlicht wird), schien doch nicht etwa nur vor drei Jahren, sondern sogar vor einem halben Jahr noch unmöglich! Lew und ich waren in Dänemark auf einer Konferenz, auf der zum ersten Mal sowjetische Delegationsmitglieder und Emigranten gemeinsam auftraten…

(Im übrigen bemühen wir uns, alles oder wenigstens vieles – alles ist unmöglich! – zu lesen). Natürlich gibt es auch allerlei Zweifel und Ängste, durchaus begründete. Aber es gibt auch Hoffnung. Im Laufe eines halben Jahres waren zum ersten Mal zwei Töchter bei uns – gewiß, dazu mußte ich erst Krebs bekommen und operiert werden, aber – welch ein Glück! – wir warten auf die Fortsetzung.

Gestern las Ljowuschka mir Achmatowa-Gedichte vor (und ich ihm). Wir haben uns sehr lange nicht mehr vorgelesen, und es war wie eine plötzliche Verbrennung.

Dafür, daß unsere Stadt wir
Mehr als den Flug der Freiheit liebten,
Behielten wir für uns
All ihre Schlösser, Wasser, Lichter…

89

Das hat sie 1919 geschrieben. »Mehr als den Flug der Freiheit« sagte ich mir nachts auf.

21. April 1988 (An einen Leningrader Freund)

Ich habe angefangen, »Die Dämonen« wiederzulesen, und bin für die Arbeit, das Haus, für nichts mehr zu haben. Ich kann mich nicht losreißen. Wenn ich aufwache, ist der erste Gedanke: So schnell wie möglich zu jener Seite, wo mich gestern abend der Schlaf übermannte. So habe ich dieses Buch wohl noch nie gelesen. Ich weiß noch genau, daß das letzte Mal 1982 war, in jenem für mich so schweren Jahr, und selbst die große Dichtung erreichte mich nur durch einen Schleier. Aber jetzt ist da ein Durchbruch, und der starke Strom trägt mich, und ich möchte fast auf jeder Seite anhalten, zurückdenken, umkehren, Auszüge aufschreiben, aber das geht nicht, weil es einen gleichzeitig weiter und weiter vorantreibt. Dabei war ich noch vor kurzem ganz vertieft in Netschajew und alles, was damit zusammenhängt – ich schrieb Dir davon, es war im Zusammenhang mit der Übersetzung meines kleinen Büchleins »Alexander Herzens letztes Lebensjahr« ins Deutsche. Aber »Die Dämonen« lese ich jetzt gar nicht historisch, sondern fast ausschließlich allgemein menschlich.

3. Mai 1988 (An Mascha)

In einer Ecke des großen Balkons steht ein Kasten, darauf liegt ein aufgerollter Schlauch zum Blumengießen. Und auf diesem Schlauch hat eine Amsel ihr Nest gebaut. Vor zwei Jahren hatten wir das schon einmal, nur war jene Amsel damals klüger und hatte ihr Nest im Blumenkasten, ganz am Rand, gebaut. Die neue hat bis jetzt drei Eier gelegt. Während ich Dir jetzt schreibe, sitzt sie darauf. Und wir sind alle so gespannt. Diese Tatsache bringt solche Beruhigung in unser Leben...

*Am 31. Mai 1988 wurde R. O. zum zweiten Mal ope-
riert.*

28. Juni 1988
Ich kann dem Schicksal nicht genug dafür danken, daß
Swetlana und Koma* in der schweren Zeit bei uns
waren. Besonders glücklich bin ich für Lew, diesmal
weiß ich wirklich nicht, wie er allein damit hätte fertig
werden sollen. Ein Kranker hat ja – so schwer ihm oder
ihr das auch fallen mag – keine Wahl, er liegt, man
macht irgend etwas mit ihm, und er ist ein stummes
Objekt ohne Verantwortung. Für die Nächsten ist es
wirklich schrecklich ... Sie haben mich zusammen mit
den Freunden hier und in Moskau buchstäblich heraus-
gezogen, und diesmal war es sehr viel schwerer zu ziehen. Vermutlich sowohl, weil das zweite Mal immer
schlimmer ist, als auch, weil ich damals, im September,
gleich nach der Operation in dem Gefühl lebte, daß das
Schlimmste hinter mir läge und ich nur zu Kräften zu
kommen brauchte. Jetzt ist es anders. Und es ist viel
schwerer, damit fertig zu werden. Ich weiß nicht,
warum ich das so genau schildere, mir selbst allein
erlaube ich das nicht, sondern gebe mir Mühe, mich auf
jede erdenkliche Weise abzulenken. Ich lese, höre
Radio, sehe fern (hin und wieder), gehe spazieren – sehr
viel – und will noch mehr, fange auch schon wieder ein
bißchen an, mich mit meinem Geschreibe an die
Maschine zu setzen. Wie früher, sogar noch mehr (falls
das möglich ist, mehr als früher) jage ich buchstäblich
jeder Bewegung, jedem Wort nach – was ist bei euch
los?! Ich sehe den Demonstranten ins Gesicht; einige
habe ich erkannt, aber das waren Berühmtheiten, und

* Beide waren für mehrere Wochen in Deutschland.

ich suchte die Meinen und flehte die deutsche Kamera an, ein wenig anzuhalten, ein bißchen länger...

Warum ich lebe

Morgens in der Dusche sehe ich meine Narbe: eine braune Linie von der Höhe des Zwerchfells bis zum Unterleib. Seitlich der Narbe – braune Pünktchen, die Spuren von Löchern. Aus ihnen wurden die Fäden gezogen, mit denen der Schnitt genäht war. Ich sehe es zufällig. Früher habe ich die Augen zugemacht, weil ich es nicht sehen wollte.

»Metastasen in der Leber« – diesen Satz hat keiner der Ärzte ausgesprochen, obwohl man hier den Kranken *alles* sagt. Früher galt die Diagnose als Todesurteil, doch man hat mich operiert, das Leben geht weiter.

Als ich nach der ersten Operation aus der Narkose aufgewacht war, hatte ich mich gefragt: Warum hat man mich auf dieser Welt gelassen? Mit welcher Vorbestimmung?

Doch in den sieben Monaten zwischen den beiden Operationen geschah nichts Herausragendes, Außergewöhnliches. Ich bekam keine Antwort auf jene Fragen. Und fragte mich doch immer wieder danach.

Wohl etwas mehr noch als früher schätze ich Reisen, Spaziergänge, die geliebten Bücher und vor allem den Luxus menschlicher Unterhaltung.

Manchmal erwachte ich mit dem Gefühl: Ich bin doch gesund! Tagsüber dachte ich immer seltener an die Krankheit, nur nachts kamen die düsteren Gedanken wieder.

Wir fuhren nach München und Wien. Unvorhergesehene Begegnungen mit Freunden, besonders mit Anatolij Pristawkin, Bella Achmadulina, Andrej Bitow, Andrej Wosnessenskij. Endlich kam auch Mascha (Swetlana war im Oktober abgereist), wir hatten uns sieben Jahre nicht gesehen. Das Wiedersehen mit ihr – fünf Wochen Freude, obwohl sie an einer Lungenentzündung erkrankte. »Mama, lange hat man mich nicht mehr so umsorgt...«

Und weitere Freuden. Eine Konferenz in Kopenhagen – zum ersten Mal sowjetische Delegierte und Emigranten an einem Tisch: Jurij Afanasjew, Galina Belaja, Natalja Iwanowa, Efim Etkind, Andrej Sinjawskij, Wassilij Axjonow, Fasil Iskander, Alexander German, Cronid Ljubarskij.

Wie glücklich waren wir über ein richtiges Treffen mit Fasil! Wie schön war es, sich mit Aljoscha German zu unterhalten, als hätten wir uns erst gestern getrennt. Von Afanasjew hatten wir Artikel gelesen, hatten viel über ihn gehört, aber im persönlichen Gespräch war alles noch viel besser. Auch mit Grigorij Baklanow unterhielten wir uns, stritten, schwelgten in Erinnerungen. Die alten Freunde wunderten sich: »Man sagte uns, daß du sehr krank seist...« Ihr Staunen machte mir Mut: Dann war es also überstanden... Ich vergaß oder vergaß beinah.

Und arbeitete. Schrieb noch einen Artikel über die Sowjetliteratur: »In der Hoffnung auf ein Wunder«. Korrigierte die Übersetzung meines Buches »Alexander Herzens letztes Lebensjahr« ins Deutsche. Machte Auszüge aus Tagebüchern und Briefen, weil ich den langgehegten Traum von einem neuen Buch in Angriff nahm.

Maschas schwere Krankheit, die Nachricht von ihrer Operation in Moskau. Wieder eine bittere Lebensphase – also nicht nur Freude; Ohnmacht, die Unmöglichkeit zu helfen, Unruhe, Angst...

Ich ging zur Untersuchung in das Krankenhaus, wo ich im September operiert worden war. Zuerst leichte Besorgnis, irgend etwas war mit Ultraschall entdeckt worden. Mein Professor Pichlmaier ließ mich kommen. Er beruhigte mich. Vermutlich eine Verkalkung. Nicht die geringste Vorahnung.

Und eine neue Freude: Swetlana kam wieder und eine Woche später ihr Mann Koma. Zusammen fuhren wir durch Deutschland. Oldenburg, Bremen, Worpswede, Düsseldorf, Bochum. Es gab noch viele Pläne... Ich hörte mit Genuß Komas Vorlesungen. Berlin. Und dort stürzte es über mich herein: Ein neues Geschwür, es muß sofort operiert werden. In Berlin lief der Kongreß »Ein Traum von Europa« – interessante Diskussionen, unsere Auftritte. Spaziergänge mit Koma und Swetlana. Nachdem wir es erfahren hatten, blieben wir noch vier Tage in Berlin. Doch alles empfand ich unwillkürlich im Licht der nächsten, unvorhersehbaren Zukunft. Krankheit ist eine Trennlinie: In Leben und Schreiben wird das Wesentliche hervorgehoben, das Zweitrangige in den Schatten gedrängt.

Jetzt stelle ich mir nicht mehr jene Fragen wie damals im September/Oktober 1987. Ich denke nicht an Bestimmung, Prädestination. Ich lebe einfach, erfüllt von Dankbarkeit.

Ich lebe, weil Ljowa und Sweta unablässig um mich waren. Sie begleiteten mich bis zur »Unterwelt« (der Operationssaal ist im Keller). Swetlana sagte später: »Wie konnte Ljowa damals, beim ersten Mal, allein bleiben und diesen ganzen Wahnsinn ertragen?« (Sie hatte damals erst acht Tage später kommen können.)

Diesmal kamen sie beide sofort ins Krankenzimmer, sobald man mich von der Intensivstation hereinbrachte. Sie kamen nicht einfach zu mir, sie litten mit mir. Sie waren es, die litten, ihnen ging es schlechter als mir. Sie zogen mich heraus und ziehen mich noch immer. Solange es geht.

Ich lebe, weil in Moskau und Leningrad meine Lieben um mich litten. Auch sie wollten bei mir sein und mich pflegen, aber man ließ sie nicht. Und trotzdem waren sie mit mir. Ich hörte ihre Stimmen am Telefon, man las mir ihre Briefe und Telegramme vor. Auf irgendeine geheimnisvolle Weise teilte sich mir auch das mit, was sie untereinander sprachen. Sie hatten Angst, sie hatten sogar mehr Angst als ich. Von fern ist es immer besonders schlimm.

Die Freunde streckten mir ihre Hände von überall entgegen: »Ich komme sofort geflogen, wenn ich helfen kann«, bot Sara aus Boston an. Und die Kölner Freunde waren um mich, ihre Stimmen, frische Blumen im Krankenzimmer, ihre Sorge um die Meinen.

Der Geruch des Krankenzimmers: Teerosen. Die Laute des Krankenzimmers: mein kleiner Kassettenrekorder, ein Geschenk meiner Tochter; Mozart, Beethoven, Tschajkowskij, Okudshawa, Galitsch. Anrufe, täglich Moskau und Köln, aber auch Paris, New York, Washington, Wien, Schweden. Die Stimmen von Menschen, die wissen wollen, in welcher Welt ich mich befinde.

Auch Bücher richten mich auf. Ich verschlang die neuesten Nummern der Zeitschriften »Nowyj mir«, »Snamja«, »Ogonjok«, »Moskowskie nowosti«, »Drushba narodow«. Das gab Hoffnung. Ich las »Krieg und Frieden« wieder, nicht in Ausschnitten, wie fast jedes Jahr, sondern von der ersten bis zur letzten Zeile. Ich war stolz und glücklich – dieses Weltwunder ist in meiner Heimat entstanden.

Beim Lesen vergaß ich völlig, wo ich war, was mit mir war. Was denn eigentlich? Keine besonderen Schmerzen. Schwäche. Widerwillen gegen das Essen. Fast eine Phantomkrankheit.

Vom Bett aus durchs Fenster konnte ich zwei spitze Türme sehen – der Dom, Kölns Wahrzeichen. Schließlich ist es auch Deutschland zu verdanken, daß ich am Leben geblieben bin, jener Schicksalswende, die in all den Jahren für mich ein Elend war und nun zur Rettung wurde: In Moskau werden solche Leberoperationen noch nicht gemacht, und in dieser Universitätsklinik hat man auch erst vor zwei Jahren damit begonnen.

Ich lebe, weil Ljowa mir Gedichte von Puschkin und Achmatowa vorgelesen hat und Koma die von Blok und Pasternak. Allein geblieben, wiederholte ich die geliebten Zeilen. Im Krankenhaus gab es kein Nachdenken, sondern Verse – Gedankensplitter, Gedichtzeilen – Musik – Gedankensplitter.

Ich lebe, weil die Angehörigen und Freunde mir nach dem Krankenhaus zu Hause ein richtiges Sanatorium eingerichtet hatten und mich von jeder Hausarbeit befreiten (nur mit Mühe erreichte ich später wenigstens teilweise eine »Rehabilitierung«). Wieder und wieder freute ich mich über das Wunder unserer Wohnung. Stundenlang lag ich auf dem großen Balkon, der ganz zugewachsen war von Zweigen, wie ein Wald. Lew und Karl-Heinz pflanzten neue, und ich sog das heilsame grüne Licht in mich auf.

Ich lebe, weil ich mich wieder an die Arbeit machte, sobald man mir erlaubte zu sitzen.

Zwanzigjähriges Jubiläum des Prager Frühlings: Noch im Krankenhaus las ich das Kapitel aus meinen Erinnerungen über die Demonstration auf dem Roten Platz gegen den Einmarsch wieder, kürzte, schrieb ein

Vorwort dazu. Vielleicht erscheint es sogar auf tsche-
chisch.

Wieder zu Hause, las ich noch einmal die »Briefe aus
Köln über Bücher aus Moskau«, änderte vieles, tippte
die Korrekturen und schickte sie an den Verlag (für die
russische Ausgabe).

Im Juli erschien mein Büchlein »Alexander Herzens
letztes Lebensjahr« auf deutsch (in Berlin hatte ich noch
mit dem Verleger gesprochen). Ich entdeckte Fehler,
ärgerte mich über Wiederholungen und sprachliche
Schwächen. Wunderte mich, daß das Buch viel lyrischer
ist, als ich früher gedacht hatte. Es stellte sich heraus,
daß es fast autobiographisch ist.

Zum ersten Mal begann ich, über den Tod zu schreiben. Früher hatte ich es nicht gewagt, dieses Thema zu
berühren. Die Entwürfe liegen, ich habe sie noch niemandem vorgelesen, sie nicht ins reine geschrieben. Zu
große »Nähe von Literatur und Leben« hat mir immer
angst gemacht.

Zuerst saß ich nicht länger als eine halbe Stunde am
Schreibtisch und legte mich dann wieder hin. Jeden Tag
wurde die Arbeitszeit länger. Bald fing ich an zu tippen.
Therapie? Zweifellos.

Wenn ich nun noch wüßte, daß irgendwer meine
Schriften braucht... Aber das hat nichts mit der Krankheit zu tun, das sind ständige, unablässige Zweifel.
(Mascha am Telefon: »Ein Siebzehnjähriger hat dein
Buch über John Brown gelesen. Es hat ihm sehr gefallen, er hat nach dem Autor gefragt.« Wenn man so etwas
hört, ist man einen Augenblick glücklich, aber dann
kommt immer wieder: »Für wen schreibe ich?«)

Ich lebe, weil die Zeitschrift »Woprossy literatury«
(»Fragen der Literatur«) meinen Artikel »Hemingway in
Rußland« drucken will. Die Arbeit hatte ich 1978/79

in Moskau geschrieben, veröffentlicht worden war sie 1985 in den USA (bei Ardis). Nachdem ich sie redigiert und gekürzt hatte, schickte ich das Manuskript ab, einen Tag bevor ich ins Krankenhaus kam.

Und wenige Tage später stürmte Lew ins Kranken-zimmer und sagte mit seliger Stimme: »Sie haben von der ›Inostrannaja literatura‹ angerufen und einen Artikel über Böll angefordert; die Zeitschrift will den Roman ›Fürsorgliche Belagerung‹ drucken.«

Vielleicht wird man uns tatsächlich in der Heimat wieder lesen?!

Ich lebe, weil gleich nebenan der Park ist, unserer, meiner. Weil gleich nebenan Lois* ist – das ist das Aller-beste an unserer Wohnung. Und der Park. Die ersten Wege etwas stockenden Schrittes, ich klammere mich an Begleiterin oder Begleiter. Jeden Tag etwas weiter. Und dann flunkern Swetlana und Koma schon, daß sie nicht mit mir Schritt halten können.

Als ich mit Ljowa bis zum Teich, bis zu den Schwänen gelangte, war ich sehr erschöpft, aber glücklich.

---

* Lois Fisher-Ruge. Am 9. Dezember 1988 schrieb R. O. zu ihrem Geburtstag: »Ich habe hier einen Freund gefunden (auf russisch ist Freund stärker als Freundin). Auf den ersten Blick nur Unter-schiede – Alter, Heimatland, Lebensweise – und doch Freund-schaft.
Ich weiß, daß ich nur eine unter vielen bin – Lois' Freundschafts-fähigkeit kennt keine Grenzen. Auch um mich herum sind sehr viele Freunde, aber unsere Beziehung ist besonders.
Mein Weg nach Deutschland in Deutschland war lang und schwer. Lois' Beispiel, Lois' Hilfe, Lois' Gegenwart (wenn sie da ist!) haben dazu beigetragen, daß ich diesen Weg, wenn auch mit Kurven, doch schaffen konnte.
Jede von uns beiden hatte während dieser acht Jahre Tiefen und Höhen. Und wir haben unser Glück und Unglück miteinander geteilt. In diesem Haus habe ich Elsa und Steffen (Heinemann) kennengelernt, die meine treuen Freunde geworden sind. In mei-nem Moskau hat Lois neue Freunde gefunden: meine Töchter, meine Schwester.«

Ich ging mit Ljowa, mit Swetlana, mit Koma, mit Lena, mit Elisabeth, mit Maria, mit Irene.* Ich ging mit den Gästen. Immer wieder mit Ljowa und Sweta. Und manchmal allein.

Ich lebe, weil ich versucht habe, wieder Lesungen zu machen und öffentlich aufzutreten. Ich las, beantwortete Fragen, die mir und den Zuhörern wichtig waren. Nach zwei Stunden spürte ich, daß ich sehr müde war, aber wie wichtig war es gewesen, mir selbst zu beweisen: Ich kann.

Ich lebe, weil ich hoffe. Wie oft haben sich unsere Hoffnungen als unsinnig, erträumt, illusionär erwiesen... Dann warfen mich Stunden und Tage der Verzweiflung weit zurück, in die Finsternis.

Aber eine Hoffnung hat sich erfüllt, die noch im Juni wahnsinnig schien: Wir fahren die Donau hinunter, ich sitze an Deck, betrachte den Fluß, die Ufer, lese, schreibe, schwimme ein wenig im Swimmingpool, gehe durch Wien, durch Budapest, durch Belgrad... Das Wasser fließt, das Leben fließt.

Vieles stört die Rückkehr ins Leben. Das Schlimmste – Mischas** Tod. Quälende und düstere Gedanken, kleinliche Gedanken. Hilflosigkeit. Ohnmacht. Ängste.

Wird die Reise nach Moskau genehmigt werden? Werde ich die Kraft haben zu fahren? Mit der Verzweiflung bin ich all die Jahre fertig geworden. Aber mit der Hoffnung? Wie soll man mit dieser Erwartung fertig

---

* Lena Kopelewa, Elisabeth Weber, Maria Klassen, Irene Kawohl.
** Michail (Mischa) Arschanskij (1912–1988). Bis 1947 Oberst-Ingenieur bei der Armee. Er wurde damals aus der Partei ausgeschlossen und »unehrenhaft« aus der Armee entlassen, weil er sich für den bereits verurteilten politischen Häftling L. K. eingesetzt hatte. Beide wurden 1956 rehabilitiert. Vgl. auch S. 131

werden? Die braune Linie wird heller, die Narbe ver-
heilt, sie läßt sich kaum noch ertasten.

Eine erfahrene Krankenschwester sagte mir nach der
Operation: »Die Narbe wird schnell verheilen, aber man
hat Sie doch aufgeschnitten, zweimal, und nicht nur den
Körper. Die Seele wird viel langsamer gesund. Aber
manchmal...« Sie sprach nicht zu Ende.

Es gibt Stunden, da erscheint mir meine ganze fieberhafte Aktivität – ob ich nun spazierengehe, einen Artikel schreibe oder Buchweizengrütze koche – plötzlich
völlig unnütz. Es war falsch, daß ich aufgehört habe,
mich zu fragen: Warum? Ich bin doch am Leben geblieben, damit ich mich vorbereite, ernsthaft auf den letzten Gang vorbereite.

Aber was soll aus all den Meinen werden?! Aus Ljowuschka? Die Hände in den Schoß legen und nicht
mehr ums Leben kämpfen, das heißt, ihnen unerträg-
lichen Schmerz zu bereiten. Ich habe kein Recht dazu.
Mosche Dayans Tochter erinnert sich, wie ihr Vater vor
seinem Tod zu ihr sagte, daß er keine Familie hätte gründen sollen. »Und in dem Augenblick verstand ich, daß es
wohl der allergrößte Egoismus ist, die Tatsache des
Todes zu akzeptieren, sich damit abzufinden und ihn
nicht zu fürchten. Bis ich selbst Kinder hatte, war meine
Einstellung zum Tod so gewesen, wie seine. ... Man
muß sich gegen den Tod wehren ..., muß versuchen,
sein Leben zu verlängern, nicht um irgend etwas zu
erreichen, sondern aus Verantwortungsgefühl. Es ist eine
Liebespflicht denen gegenüber, denen es besser geht,
wenn ich lebe, die leiden, wenn es mich nicht mehr gibt.«
Vertraute Empfindungen, vertraute Worte.

Es kam vor, daß ich mitten im Fluß spürte, daß ich
nicht mehr weiterschwimmen kann. Dann blieb nur
eins: sich auf den Rücken zu legen und zu warten. Die

schwarze Verzweiflung überflutet mich nicht oft. Es gibt keine Zuflucht vor ihr, ein Heilmittel ist nicht zu erwarten.

1968 schrieb ich zu meinem fünfzigsten Geburtstag eine kleine Rede. Über die Notwendigkeit, seine Schulden gegenüber den Verwandten, Vertrauten und Freunden zu begleichen. Und jetzt, als Siebzigjährige, flüstere ich: danke, danke, danke. Am besten sind meine Empfindungen wohl in Franz von Assisis Gebet ausgedrückt:

Gott laß mich nicht danach streben,
daß ich getröstet werde, sondern, daß ich tröste,
nicht, daß ich verstanden werde, sondern daß ich
                                        verstehe,
nicht, daß ich geliebt werde, sondern, daß ich liebe.

Wie sollte ich dem Schicksal nicht danken, wo ich doch liebe und geliebt werde.

Befreie mich von Klagen und Selbstmitleid... Gott, laß mich die Krankheit vergessen. Befreie mich von Niedergeschlagenheit und Verzweiflung. Gib mir Kraft zu schenken, zu geben, zu helfen.

Und wieder Dankbarkeit. Auf der Speisekarte auf dem Dampfer »Sofia« stand am 23. Juli* folgender Vers:

Nimm hin, was dieser Tag dir schenkt.
Das Licht dieses Tages, seinen Atem, sein Leben.
Das Lachen dieses Tages, seine Tränen und Freude.
Nimm das Wunder dieses Tages hin.

                                        (Phil Bosmans)

Ich nehme es hin.

Denn auf mein Los entfiel etwas Unwahrscheinliches: Ich liebe und werde geliebt.

                                        (1988)

* R.O.s siebzigster Geburtstag

Erwachende Seelen und Herzen

Vor etwa 25 Jahren erzählte man sich in Moskau folgenden Witz: Eine Großmutter hat »Krieg und Frieden« abgetippt, weil die Enkel nur Samidat-Manuskripte lesen. Heute jagen liebevolle Großmütter den neuesten Ausgaben von Zeitschriften wie »Nowyj mir«, »Snamja«, »Ogonjok«, »Moscow News« nach.

Die letzten zwei Jahre sind »beispiellos in unserer Literaturgeschichte. Nie zuvor sind so viele und solche Bücher auf engstem Raum erschienen, Bücher aus verschiedenen Zeiten, aber wesentlich über das gleiche Thema« (J. Karjakin). Es gibt Romane, Erzählungen, Gedichte, aber an erster Stelle Publizistik: »Wir lesen ökonomische Artikel wie Krimis« – aus einem Moskauer Brief.

»Das lesende Rußland hat sein Gesicht der Katastrophe zugewandt...« (Historiker K. Schlögel). Eine Katastrophe – Massenterror, Hunger, Vernichtung von Millionen Menschen. Für diejenigen, die die Gnade der späten Geburt haben, ist es wahrscheinlich leichter, das, was vor einem halben Jahrhundert geschah, in einzelnen Schicksalen zu erkennen – trotz des damaligen »Fließbandes des Todes«.

Die 23jährige Frau von Bucharin hat seinen Appell an die zukünftigen Partei- und Staatsführer auswendig gelernt. Dann – der schändliche Prozeß, die Hinrichtung, ihre eigene Gratwanderung – fast 20 Jahre Gefängnis und Lager, ein Treffen mit dem erwachsenen Sohn (der bis zum Januar 1988 kein Recht hatte, sich Bucharin zu nennen). Der erste vergebliche Versuch, Bucharins Rehabilitierung zu erreichen, in Chruschtschows Zeit. Und endlich, nach 50 Jahren, kann Anna das Testament laut aussprechen, es wird veröffentlicht, Millionen lesen und hören es. Heute entwickeln sich zahlreiche Diskussionen: War Bucharins Programm eine Alternative zu Stalin? Gab es überhaupt eine Alternative?

Ein genialer Biologe und Agronom, Nikolaj Wawilow, ist 1943 im Gefängnis von Saratow verhungert. Seine Entdeckungen boten die Möglichkeit, nicht nur Rußland zu ernähren. Das Gefängnis ist nahe dem Haus, in dem seine Frau wohnte, die ihn verzweifelt suchte. 1956 wurde er rehabilitiert. Zum 100. Geburtstag von Wawilow (1987) wurden viele Artikel, Erinnerungen, Essays publiziert, zum ersten Mal wurden Ausschnitte aus Denunziationen zitiert und die Namen der Denunzianten genannt.

Henker sind später oft selbst zu Opfern geworden. Deswegen ist es schwer, eine schwarzweiße Grenze zu ziehen. Solche Personen wie die früheren Minister der Staatssicherheit (Jagoda, Jeshow) erwecken kein Mitleid – endlos ist die Liste derer, die sie zu Tode gequält haben (aber eine juristische Rehabilitierung für die fiktiven Verbrechen muß bei jedem stattfinden).

Es gibt aber auch grausam-widersprüchliche Schicksale: Michail Kolzow, ein brillanter Journalist, Teilnehmer am Spanischen Bürgerkrieg (es ist möglich, über ihn etwas in Hemingways »Wem die Stunde schlägt«, wo er den Namen Karkow trägt, zu erfahren). Kolzow griff während der Moskauer Prozesse die Angeklagten Kamenew, Sinowjew, Bucharin, Rykow und andere an, eine Weile später wurde er selbst verhaftet und erschossen. Oder der geniale Regisseur Wsewolod Meyerhold, der vor seiner eigenen Vernichtung als »Volksfeind« einen Kampf gegen den »Formalismus« geführt hat. Opfer, verführte Mitläufer, Täter? Alles zusammen in komplizierten, bizarren, fast surrealistischen Kombinationen.

Der Augenblick der Erschütterung – obwohl er fast zwei Jahre andauert – ist heute wahrscheinlich zu Ende. Je mehr Fakten bekannt sind, desto größer ist das Bedürfnis, darüber nachzudenken, zu erkennen, *was* und *wie* es geschehen ist, zu verstehen, warum es so geschah. Und – und das ist vielleicht das Wichtigste – was soll weiter geschehen?

Viele veröffentlichte Bücher geben Hinweise. In Anatolij Pristawkins Kurzroman »Über Nacht eine goldene Wolke« (Verlag Albrecht Knaus) werden hungrige, betrogene, bestohlene Kinder vor dem Hintergrund der Kriegstragödie dargestellt. Ein Kinderheim bei Moskau ist in den Kaukasus evakuiert worden. Die Kinder erleben die leeren, ausgestorbenen Dörfer. Aufgrund eines verbrecherischen Stalinschen Ukas (1944) wurden alle Tschetschenen (auch Kalmücken, Krimtataren, Wolgadeutsche – insgesamt sechs Völker) aus den Häusern herausgeschleppt, als Verräter bezeichnet und in Viehwaggons nach Osten vertrieben. Viele sind unterwegs gestorben. Einigen gelingt es, sich zu verbergen, bewaffnete Gruppen zu bilden; sie rächen sich, rächen sich wahllos an allen, die in die geräumten Dörfer umgesiedelt wurden. Eines von den Heimkindern wird von einer solchen Gruppe gekreuzigt und stirbt. Es scheint, als ob es für seinen am Leben gebliebenen Zwillingsbruder keinen anderen Weg gibt als Rache. Auge um Auge. Aber er hat in einem Tschetschenen einen Bruder gefunden. Zwei Waisenjungen gegen die Wolfswelt.

Christliche Motive durchdringen diesen Kurzroman. In der Kreuzigung des Jungen – auch die Hauptperson im »Richtplatz« von Tschingis Ajtmatow wird gekreuzigt. In der Aussage: Nur brüderliche Liebe kann die Antwort auf das herrschende Böse sein. Nur die Liebe ist fähig, die Kette der Gewalt zu zerbrechen.

Die sanfte Stimme des Autors sagt: »Besinnt Euch! Besinnt Euch!« Eine Stimme aus dem Jahr 1944 – lebenswichtig auch heute.

Wir lesen über unglückliche Tschetschenen, über das Unglück der russischen Jugend. Auf dem Bildschirm: Man erschießt, tötet palästinensische Jugendliche, Israelis, Iren, Perser, Iraker ... Und zu Hause: Aserbaidshaner ermorden Armenier. Fast niemand verbrüdert sich.

Pristawkins Versuche, in Menschen das Verbindende und nicht das Trennende zu finden, ermöglichten, in einer Katastrophe zu überleben – einer vorgestrigen, die die gestrige geschaffen hat, und der heutigen und, wer weiß, der morgigen ...

Ein Teil von denen, die während der fürchterlichen Nacht 1944 die Tschetschenen verschleppt haben, leben noch. Einige bedauern, daß damals nicht alle Tschetschenen vernichtet wurden.

Ihre Gesinnungsgenossen schreiben heute Leserbriefe an Zeitungen und Zeitschriften: »Es tut mir leid, wenn Sie unreife Gedanken, besonders über Stalin, veröffentlichen. Solche Persönlichkeiten wie Stalin sind für die richtige Perestrojka notwendig. Er hat Verbrecher streng bestraft, und das war richtig. Es gibt heute viel mehr Verbrecher, Drogensüchtige, Prostituierte. Zu Stalins Zeit gab es das nicht ... Hätte Stalin erlaubt, daß ein Neunzehnjähriger auf unserem Roten Platz sein Flugzeug landet?«

Zahlreiche Diskussionen. Über Todesstrafe. Über die Rolle des Verteidigers im Gericht. Viele Strafverfahren, die ungesetzlich waren, in denen so viele Menschen gebrochen wurden, sind überprüft und veröffentlicht worden. Ein Hyde-Park, dessen Reden in Zeitungen, Zeitschriften, Rundfunk und Fernsehen fixiert sind.

Wie weiterleben nach der Sturmflut der Entdeckungen?

Es ist möglich, in den alten Trott zurückzukehren und entgegen der offensichtlichen Wahrheit hartnäckig zu wiederholen: Jedes Jahr war schön, Stalin bleibt unser Banner, jede Kritik ist pure Verleumdung.

Es ist möglich und verständlich, die Augen zu verschließen, vor Angst zurückzuschrecken.

Es ist möglich, sich wieder und wieder mit diesen verfluchten Problemen zu beschäftigen und sich langsam zu einer Klärung durchzuringen, die Fundamente des Systems in Frage zu stellen.

Was kann man tun, um den Sieg der Perestrojka-Feinde zu verhindern? Eine Menge von Meinungen: die Bürokratie vernichten... die stalinistische Vergangenheit bewältigen... verschiedene Arten von Eigentum schaffen und juristisch verankern... psychologische Garantien der Unumkehrbarkeit... ein Mahnmal für die Opfer des Terrors errichten...

Manuskripte, die gestern im Geheimen gelesen wurden, werden heute veröffentlicht und gierig verschlungen, jetzt wird von einem breiten Publikum gelesen wie nie zuvor, und die Diskussionen sind offen, rücksichtslos, mit weitgehenden Schlußfolgerungen.

Ein Roman ist selbstverständlich kein Lehrbuch. Ein Leser von Pristawkins Roman »Über Nacht eine goldene Wolke« wird keine Rezepte finden, wie man sich verhalten soll – in Berg-Karabach, in Moskau, in Paris. Aber die Erfahrung des russischen Heimjungen, der einen fremdstämmigen Altersgenossen umarmt, kann helfen, den eigenen Weg zu finden.

»Wenn wir uns Offenheit und Demokratie von oben schenken lassen, dann kann die Regierung, wenn sie wechselt, all das zurücknehmen.« So ein Leser aus Riga.

106

Eine ernste Frage. Es gibt heute keine Garantien. Es gibt heute keinen juristischen Mechanismus. Es gibt Worte, Bücher, die Leser erreichen. Es gibt erwachende Seelen und Herzen. Deswegen bleibt die Hoffnung auf ein Wunder.

(Kölner Stadt-Anzeiger vom 8. Juli 1988)

Was ich in Moskau gesehen habe

Was habe ich gesehen, was wahrgenommen, als ich nach einer beinah achtjährigen Trennung wieder nach Moskau kam?

Es war eine private Reise: um die Töchter, Enkel, Freunde wiederzusehen, das Grab meiner Eltern zu besuchen. Die »Bilanz« einer solchen Reise läßt sich allenfalls in einem persönlichen Brief schildern. Doch zu meiner eigenen Überraschung blieb die Reise nicht nur privat: Man lud mich ein, bei vier Zeitschriften zu Gast zu sein, an zwei literarischen Veranstaltungen teilzunehmen. Ich gab drei Interviews und arbeitete mit Redakteuren zusammen.

Zweiunddreißig Tage waren wie ein Augenblick und wie eine Ewigkeit, so viel beinhalteten sie. Wie hatte ich darauf gewartet! Es war mein sechster Versuch.*

Meine Moskauer Eindrücke sind in glückliche Euphorie gehüllt. Aber ich habe mich nicht nur über das Wiedersehen mit meiner Stadt und den Meinen gefreut. Ich teilte und teile auch noch ihre Ängste, Zweifel, Sorgen, ihren Schmerz. Doch zuerst: die Freuden.

---

* Eine Einreisegenehmigung zu bekommen

Von der Flut neu veröffentlichter Manuskripte wußte ich schon in Köln. Unsere Freunde scherzten: »Ihr bekommt doch die Glasnost mit der Post«. Nein, das ist kein Vergleich. Es ist eins, die Glasnost aus der Ferne zu nutzen, selbst wenn man es genießt. Und etwas ganz anderes ist es, in der Glasnost zu leben, ihre beinah täglichen Schwankungen zu spüren. Und erst recht, bei der Schaffung und Festigung der Glasnost mitzuwirken.

»Eure Zeit ist gekommen« schreibt man uns von zu Hause. Die Zeit ist gekommen, aber wir leben in einem anderen Raum. Sehr aufmerksam verfolgte und verfolge ich das sowjetische Literaturleben. Ich lese Zeitschriften, aber aus der Presse kann man sich längst nicht von allem ein Bild machen. Auch in Moskau wurde noch bei weitem nicht alles klar. Klar ist, daß die Veränderungen auf diesem Gebiet gewaltig und wohl auch nicht mehr umkehrbar sind: Bücher in Millionenauflage brennen gewiß nicht.

Wenn ich skeptische Stimmen höre – das sind nicht wenige, und es gibt ernstzunehmende Gründe für Skepsis –, dann muß ich unwillkürlich an die Schriftstellerversammlung im März 1966 denken, als ein Rechenschaftsbericht diskutiert wurde. Auch ich sprach dort. Ich zählte die Manuskripte auf, die keine Bücher geworden waren: »Requiem« von Anna Achmatowa, »Sofja Petrowna« von Lidija Tschukowskaja, »Gratwanderung« von Jewgenija Ginsburg, »Die Ernennung« von Alexander Bek, Wassilij Grossmans Roman – seinen Titel »Leben und Schicksal« kannten damals weder die anderen noch ich.

Heute sind all diese Manuskripte zu Büchern geworden. Und noch viele andere. Schon in Köln hatte ich mir vorzustellen versucht, wie sie heute in der aktuellen literarischen Umgebung klingen. Wie werden sie heute aufgenommen? In Moskau sagen manche: »Das haben wir doch schon längst gelesen.« Der Samisdat hatte wohl mehr Leser, als mir damals schien. Viele räumen ein, daß diese Bücher großen Einfluß haben, wenn auch natürlich nicht sofort. Die Gegner der Veröffentlichungen habe ich persönlich nicht getroffen. Von ihnen habe ich nur gehört.

Die Vorbereitung zur heutigen Glasnost hat vor dreißig Jahren mit dem Tauwetter begonnen. Damals entstand unter anderen neuen Veröffentlichungen und Zeitschriften die Monatsschrift »Inostrannaja literatura« (»Ausländische Literatur«), bei der ich arbeitete.

Die damaligen Leser und die Mitarbeiter in den Redaktionen und Verlagen waren ganz andere als heute. Heute können wir selbst – und erst recht die Menschen der jüngeren Generationen – uns kaum das Ausmaß der damaligen Unkenntnis und Unwissenheit vorstellen.

... 1955. Verlagsrat bei der »Chudoshestwennaja literatura« (»Schöne Literatur«). Neue Bücher werden vorgeschlagen. Lew Kopelew nennt unter anderen den Namen Franz Kafka. Den meisten der Anwesenden ist er unbekannt, er erklang wohl damals auch zum ersten Mal. Der Chefredakteur Sutschkow ist empört: »Wie kann man von diesem Modernisten sprechen?«

Die Zeit verging. 1964 erschien eine einbändige Ausgabe von Kafka auf russisch mit einem Vorwort von Boris Sutschkow.

Wie glücklich waren wir, als wir Hemingways »Der alte Mann und das Meer« veröffentlichten (»Inostrannaja literatura« 3, 1955) und damit das sechzehnjährige Verbot seines Namens aufhoben. Wie freuten wir uns, als 1956 Graham Greenes »Stiller Amerikaner« bei uns publiziert wurde. Bis zu Autoren wie Faulkner hatten wir noch einen weiten Weg.

Eine Auslandsreise war in den Kreisen, in denen ich lebte, früher ein ganz seltenes, außergewöhnliches Ereignis. Im Laufe meines Moskauer Monats kam ein Freund aus Polen zurück, ein anderer fuhr in die USA, ein dritter kam aus Peru. Jetzt, während ich diese Zeilen schreibe, ist eine Tochter bei uns in Köln zu Besuch, die andere ist mit ihrem Mann an der Universität Yale.

Noch immer ist eine Auslandsreise für einen Sowjetbürger nichts Selbstverständliches wie im Westen, wo ihr nur durch Geld, Zeit, Wünsche und Gesundheit Grenzen gesetzt sind. Und das allein schon deswegen, weil selbst privilegierte Moskauer und Leningrader nicht vorausplanen können: In einem halben Jahr fahre ich zu einem Symposium nach London. Das geht nicht, weil auch für solche Reisen die Genehmigung meist erst in den allerletzten Tagen gegeben wird.

Die Welt beginnt sich ein wenig zu öffnen. Ich kann neue sowjetische Romane und Gedichte aufzählen, die mir wichtig sind. Schwerer ist es, die sich wandelnde Atmosphäre zu beschreiben. Ich war einfach glücklich, als ich merkte, daß das, was früher halblaut, im engsten Kreise, hinter verschlossenen Türen gesagt wurde, das, was Eigentum der Moskauer Küchen gewesen war, sich nun in große Säle und auf die Plätze der Stadt ergießt.

Es war ungeheuer interessant für mich, im Moskauer Club »Perestrojka« einer Diskussion über den Rechtsstaat beizuwohnen (diskutiert und scharf verurteilt wurden neue Gesetze, die das Demonstrationsrecht beschränken). Die Clubmitglieder – das hatte ich schon in Köln gehört – sind durch ein dreifaches Nein verbunden: »Nein der Gewalt, Nein dem Rassismus, Nein dem Anspruch auf den Besitz der absoluten Wahrheit«.

Selbstverständlich kann man geteilter Meinung sein, aber man muß vor allem versuchen, muß lernen zuzuhören, ohne einander zu unterbrechen.

Ich war in Moskau, als sich die Gemüter um die Limitierung von Subskriptionen erhitzten.* Ich wurde ernsthaft darum gebeten, unsere Exemplare von »Snamja« und »Ogonjok« von Köln nach Moskau zu schicken, falls die Proteste wirkungslos bleiben sollten. Und wieder konnte ich mich überzeugen: »Nicht vom Brot allein...« Einer der wenigen Kämpfe mit glücklichem Ende.

Ich wußte schon vorher, wie anstrengend und schwer der Moskauer Alltag im Vergleich mit dem westlichen ist. Aber es gibt noch eine weitere Dimension: Wieviel schwerer ist der Alltag in Swerdlowsk, Tjumen oder Tula als der in Moskau.

Es ist eins, das aus Briefen zu wissen, und etwas ganz anderes, die langen, übermäßig gewachsenen Warteschlangen zu sehen (mich selbst einzureihen, verboten mir die Töchter). Und über die Bilder dieses anstrengenden Alltags, die auf meiner Netzhaut eingeprägt sind, legen sich nun die Bilder der Schaufenster noch im kleinsten deutschen Städchen: Obststände, Schuhe, Waschpulver, alles, was es in meinem Moskau gar nicht oder zu wenig gibt. Wieder trifft einen das, das wohl jeden reisenden Moskauer schmerzt und verstört: Warum denn nur?!

Die Schere zwischen dem geistigen Leben und dem Alltagsablauf geht immer weiter auseinander. Es gibt wirklich sehr viele Leser in der UdSSR. Weniger,

---

* Im September/Oktober erschien ein Erlaß, demzufolge wegen Papiermangels die Auflagen mancher Zeitschriften, v.a. der fortschrittlichen, demokratischen, begrenzt wurden. Nach Massenprotesten wurde er wieder aufgehoben.

aber noch immer zahlreich sind diejenigen, für die Lesen (und jede andere Form geistiger Aktivität) wichtiger als alles andere ist. Doch auch in der UdSSR lesen nicht alle. Aber alle essen, kleiden sich, waschen, reisen.

Ein Satz hämmert mir im Kopf, gibt keine Ruhe: »Kanonen statt Butter – das haben die Völker schon gekostet. Heute – Wahrheit statt Butter. Das ist neu, kann aber sehr gefährlich werden.«

Unter den zahlreichen Mangelerscheinungen beunruhigt mich vor allem eine: der Mangel an Persönlichkeiten, die fähig sind, zu vereinen; es entstehen stürmisch immer neue Clubs, Gesellschaften, Gruppen, doch ich habe wenig von Menschen gehört, die eine Zusammengehörigkeit ausstrahlen, die die unterschiedlichen Andersdenkenden miteinander verknüpfen könnten. Bekannt ist der biblische Satz: »Steine zerstreuen hat seine Zeit, Steine sammeln hat seine Zeit.« Ich habe viele bedeutende Menschen kennengelernt, und dennoch gibt es viel zu wenige Sammler. Alexander Twardowskij* kannte ich nicht persönlich, habe ihn nur flüchtig gesehen. Aber der alte »Nowyj mir« war für mich und meinen ganzen Kreis ein Licht im Fenster mit einer heilsamen Ausstrahlung. Er vereinte jene weit verstreuten Menschen, die – jeder für sich – versuchten, nicht im Gleichschritt zu marschieren.

Die Devise einer Vereinigung aus den siebziger Jahren war: »Verständnis zu erreichen ist wichtiger als die Wahrheit zu finden«. Im übrigen kenne ich wenig Menschen, die so leidenschaftlich nach der Wahrheit suchten, wie der Erfinder dieser Parole, der verstorbene Leningrader Mathematiker Sergej Maslow.

---

* Alexander Twardowskij (1910–1971). Dichter, Publizist, Herausgeber des »Nowyj mir« von 1950 bis 1954 und von 1958 bis 1970.

Immer wieder muß ich an Frida Wigdorowa* denken. Als Iossif Brodskij 1987 der Nobelpreis verliehen wurde, hieß es (so hörten wir), daß er 1965 dank Jean Paul Sartre oder Nikolaj Gribatschow** aus der Verbannung freigekommen sei. Ich kann bezeugen, daß die entscheidende Rolle in Brodskijs Schicksal die Prozeßmitschrift gespielt hat, die Frida Wigdorowa gemacht hat. Dieses Stenogramm war ihre letzte Arbeit – sie starb am 7. August 1965. Wir, die wir bei ihrer Beerdigung sprechen wollten, wurden zur Leitung des Schriftstellerverbandes gerufen und nachdrücklich gewarnt: »Kein Wort über den Brodskij-Prozeß ...«

Im Gericht hatte man – Gott sei Dank vergeblich – versucht, Wigdorowa das Stenogramm wegzunehmen. Es wurde in zahlreichen Exemplaren verbreitet, Brodskij fand viele Verteidiger.

Für Frida Wigdorowa war jede Art von Bösem widernatürlich. Schade, daß sie Andrej Sacharow nicht kennengelernt hat. Die beiden hätten sich auf Anhieb verstanden. Sie war seine Vorgängerin.

Im Sommer 1968 erschien Sacharows erstes Memorandum. Zwanzig Jahre später lese ich seinen Artikel »Die Unvermeidlichkeit der Perestrojka«.*** Wer, wenn nicht er, hätte sich das Recht erlitten anzuklagen, Vergeltung zu fordern, zu hassen?! Doch er denkt, fast ebenso ruhig wie damals, weiter über das Land und die Welt nach.

* Frida Wigdorowa (1915–1965). Schriftstellerin, Journalistin, Pädagogin. Eine der ersten Menschenrechtlerinnen.

** Nikolaj Gribatschow. Lyriker, Publizist, stalinistischer Literaturfunktionär.

*** Anm. von R.O.: »Es gibt keine Alternative zu Perestrojka, Glasnost, Demokratie, Sozialismus«. Moskau 1988. Ein in seinem vielschichtigen, freien Gedankenfluß erstaunliches Buch.

Menschen, die einigen, zusammenschließen können, solche wie Twardowskij, Maslow, Wigdorowa, sind heute dringend nötig. Vermutlich besitzen sie eine seltene Mischung von Güte, selbstloser Aufmerksamkeit für andere, Festigkeit und Toleranz – diese Mischung ist selbst schon ein Talent und daher selten. Sie wissen, daß in jedem Menschen – in jedem! – Gut und Böse in nicht erfaßbarer, ständig sich wandelnder Proportion vermischt ist, und sie sind fähig, vor allem das Gute, das Kreative zu sehen, diese Fähigkeit zu lernen und zu lehren. Eine noch wenig erforschte Art ethischer Ausstrahlung, eine kleine »Noosphäre«*. Nicht in Worten festgehalten, vergeht sie, so wie große Schauspieler und Redner für spätere Generationen vergehen. Wichtig ist nicht nur, *was* oder sogar *wie* ein Mensch spricht, sondern auch *wer* er ist, *was* er tut, und wie er sich zu Nahen und Fernen verhält.

Und je ferner man der Quelle einer solchen Ausstrahlung ist, desto schwerer ist es, sie sich vorzustellen, manchmal sogar, überhaupt an ihre Existenz zu glauben.

Ich hatte großes Glück: Ich kannte die Menschen, von denen ich zu erzählen versuche, erlebte ihre Ausstrahlung unmittelbar. Wenn mich das lange Leben etwas gelehrt hat, dann, daß die Hand, die im Unglück gereicht wird, sich nicht nur demjenigen einprägt, dem sie sich entgegenstreckt. Aus Haß aber erwächst nichts als Haß.

Noch eine wichtige Veränderung, von der ich gelesen hatte und die ich nun selbst zu spüren bekam: Feindbilder, die lange Jahre gepflegt wurden, zerfallen. Und nicht nur »die amerikanischen Imperialisten« waren sol-

---

* Ein philosophisch-theologischer Begriff, s. Wladimir Wernadskij (1863–1945), Naturwissenschaftler, Philosoph; und Teilhard de Chardin.

che Feinde und hören nun auf, es zu sein, sondern auch die »im Ausland lebenden russischen Bürger«, wie wir heute heißen.

Ein Gedenkabend für Viktor Nekrassow* im Literaturmuseum. Der erste. Durchs Programm führt Wjatscheslaw Kondratjew** (seine Erzählung »Saschka« hatte Nekrassow uns aus Paris geschickt mit der Aufforderung: »Sofort lesen!«). Im Saal ist es stickig, zuviel Publikum (kann es in solchen Fällen ein »Zuviel« geben?), das Fernsehen. Aber was für ein Glück, so viele vertraute Menschen zusammen zu sehen, mit ihnen zu sprechen, Russisch zu hören. Über den bedeutenden Schriftsteller, den verlorenen Freund sprechen M. Parchomow, Wjatscheslaw Kondratjew, Anna Berser, Jelena Rshewskaja, Lasar Lasarew, Alexander Parnis.

Ich erzählte, wie Viktor Nekrassow und Heinrich Böll 1983 einen langen Abend bei uns in Köln verbrachten. Hinterher sagte Nekrassow: »Man sollte ›Wo warst du, Adam?‹ und ›In den Schützengräben von Stalingrad‹ zusammen in einem Band veröffentlichen. Ein Russe und ein Deutscher, die nicht aufeinander schießen wollten, zwei Schriftsteller, vom Krieg geboren, Menschlichkeit unter den unmenschlichsten Umständen…«

Was haben die Bücher gemeinsam? Worin bestehen ihre Unterschiede?

Ich erzähle von den letzten Begegnungen mit Nekrassow in Paris. Freude: Endlich findet diese Veranstaltung statt – und untrennbar davon die Trauer: Viktor hat es nicht mehr erlebt. Und wie dringend brauchte er die Anerkennung in der Heimat.

Naum Korshawins Gedichte erscheinen in Moskau, ein Zyklus nach dem anderen. Im Fernsehen ein Inter-

* Vgl. Anm. S. 75
** Wjatscheslaw Kondratjew. Epiker, Graphiker.

view mit Iossif Brodskij, seine Gedichte und Nachdichtungen werden veröffentlicht.

Seitdem ich im Westen bin, habe ich auch das Haus in Rom gesehen, wo »Die Toten Seelen« geschrieben wurden, das Haus in Florenz, wo »Der Idiot« beendet wurde, das Haus in Baden-Baden, wo viele Romane von Turgenew entstanden. Die russischen Schriftsteller der Vergangenheit reisten viel und lebten lange im Ausland. Wie Schriftsteller immer und überall. Auch hierin fangen wir an, fangen wir eben erst an, zur Norm zurückzufinden.

Damit der komplizierte Prozeß der Wiedervereinigung gewaltsam voneinander getrennter Kulturen weitergehen kann, muß noch vieles überwunden werden: Vorurteile, Klischees, Schubladendenken.

Die Schwarzweißdenker, die sich in langen Jahren bequem eingerichtet hatten, haben es leicht, für sie ist die Welt deutlich entzweit: Kommunist – Antikommunist, weiß – rot, Israeli – Palästinenser... Mir scheint, die Bemühungen der Intelligenz müssen auch darauf gerichtet sein zu verstehen, wie Feindbilder entstehen, wie man sie zerstören kann und wie sich andererseits ein Freundbild entwickelt.

Unsere blutige Geschichte kennt genügend beachtliche Beispiele davon, wie die Menschen einander in den schlimmsten Zeiten geholfen haben. Es ist ein Glück, daß in der Sowjetpresse jetzt die Briefe von Wladimir Wernadskij, Pjotr Kapiza*, Kornej Tschukowskij und vielen anderen gedruckt werden, die in jenen Jahren, als niemand vor Unrecht sicher war, genügend Mut und Selbstlosigkeit besaßen, für ihre zu Unrecht verhafteten Freunde und Bekannten und manchmal auch für ganz

---

* Pjotr Kapiza (1894–1984). Physiker.

Unbekannte einzutreten. Und nicht nur Berühmtheiten handelten so. Als Lew Kopelew verhaftet wurde, unterschrieben zwanzig Personen für ihn einen Bittbrief an Stalin, und das war 1946/47! Glücklicherweise wurde keiner von ihnen verhaftet, aber fast alle verloren ihre Arbeit, zwei bei der Armee, viele wurden aus der Partei ausgeschlossen. Einsatzbereitschaft und Mut wurden teuer bezahlt.

Und heute ist solches Verhalten nicht mehr nur eine große Ausnahme, die gewöhnlichen Sterblichen nicht erreichbar ist. Es wird vom einfachsten Instinkt befohlen: Entweder man lebt zusammen und wahrt die allgemein menschlichen Normen der Moral, oder alle werden umkommen...

Und dennoch war meine Reise nicht nur auf dem Formular eine private. In meiner Moskauer Familie sind drei Töchter, vier Enkel, eine Schwester, ein Bruder und sehr viele Freunde. Siebzig Jahre bin ich nun auf dieser Welt, und aus allen Lebensphasen kamen Genossen und Kollegen: aus der Schul-, der Studien-, der Doktoranden- und der Redaktionszeit.

Immer wieder spürte ich, daß diejenigen, die in den schwersten Jahren zu mir gehalten haben, Freunde geblieben sind. Unsere Verbindung ist nicht abgerissen, sie fehlten und fehlen mir schmerzlich im Exil, sie waren und sind noch immer die ersten, an die jede geschriebene Zeile gerichtet ist.

Wir alle sind gealtert, Krankheiten nehmen zu, zwei von denen, die ich wiederzusehen hoffte, leben nicht mehr. Aber mein Kreis ist geblieben. Ein Kreis des Lebens. Ich stand Totenwache am Sarg eines verstorbenen Freundes. Diese Türen, die Türen meines Elternhauses, öffneten sich vor mir so, als wäre ich nie weggegangen. Und es bedurfte keiner Stunde zum Einleben...

Die Enkel, meine eigenen und die von Freunden, die ich zuletzt als kleine Kinder gesehen hatte, waren nicht wiederzuerkennen. Zweifel quälen mich: Werde ich ihnen vermitteln können, wie unschätzbar viel wert es ist, sich auf einen nahen Menschen stützen zu können?

Mein Kreis – das sind nicht nur die Verwandten und engsten Freunde. Auch die Teilnehmer unserer Seminare und Gesprächszirkel. Heute gehören sie zu den Clubs, den öffentlichen Foren. Geblieben sind die hohen Ansprüche, die in verschiedenen Zeiten gewachsen sind, in der Euphorie des Tauwetters und den langen Jahren der Stagnation; das Bestreben zu helfen, den Gedanken augenblicklich aufzunehmen und gemeinsam weiterzudenken, eine Gedichtzeile aufzugreifen. Das habe ich in Moskau buchstäblich geatmet.

Es ist schwer, manchmal unendlich schwer, im Kleinen mehr Menschlichkeit zu schaffen, aber ohne das bleiben die Hoffnungen auf einen Triumph moralischer Gesetze im Großen utopisch.

Auch in Deutschland entstand bei uns im Haus ein kleiner Kreis. Die Unterschiede sind groß: das Alter – sie sind mindestens eine Generation jünger –, die Geschichte, der Charakter. All die Jahre frage ich mich: Kann es ein echtes Verstehen geben? Nicht häufig, aber ich komme zu der Überzeugung: Es ist möglich. Und nur das Verstehen, die Verbindung kann uns alle vor dem Untergang retten.

Dazu ist auch die Zeitschrift berufen, für die ich diese Zeilen schreibe.* »Der kürzeste Weg nach Rußland führt über Ihre Buchhandlung« – so wirbt ein deutscher Verlag für eine neue Serie russischer Klassiker. Es soll aber auch ein zweigleisiger Weg sein.

---

* »Nowoje wremja« (Neue Zeit)

Ich freue mich, daß Umberto Ecos Roman »Der Name der Rose« in der »Inostrannaja literatura« erscheint, aber ich bin auch betrübt: Das Buch ist immerhin schon seit acht Jahren bekannt, die Diskussionen in vielen Sprachen sind verklungen, die Kritiker, Zeitungen, Zeitschriften und Leser sind mit Ecos neuem Roman »Das Foucaultsche Pendel« beschäftigt, der im Oktober 1988 erschienen ist. Ich weiß, daß gute Bücher nicht veralten, gerade die letzten Jahre bezeugen das, und dennoch wünsche ich mir, daß ein Buch möglichst bald darauf erscheint, nachdem der Autor es beendet hat, damit die russischen Leser sich ohne lange Verspätung in den weltweiten geistigen Dialog einschalten können.

Die neue Flut schrecklicher Nachrichten und die Tatsache, daß die Veränderungen in der Wirtschaft und im Alltag so langsam vorangehen, ist für den Menschen mit seiner begrenzten Lebensfrist schwer zu ertragen.

Wieviel ist über die Geduld als eine der wichtigsten Tugenden des russischen Volkes geschrieben worden! Wahrscheinlich wurde diese Tugend schon allzulange strapaziert. Heute liegt in Moskau fieberhafte Ungeduld in der Luft, noch heute alles zu schaffen, zu sagen, zu veröffentlichen, ins Ausland zu reisen. Wer weiß, was morgen ist?

Ich kam nach Deutschland zurück, als die Frankfurter Buchmesse zu Ende ging. Den Friedenspreis des deutschen Buchhandels erhielt diesmal Siegfried Lenz. Ich übermittelte ihm Grüße von einem sowjetischen Verehrer seiner Bücher. Ich freute mich, daß Anatolij Pristawkins Buch »Über Nacht eine goldene Wolke« schon viele dankbare deutsche Leser gefunden hat.

Fasil Iskander las in Köln. Hinterher saß er bei uns zu Hause, wie er früher so oft bei uns in der Krasnoarmejskaja-Straße gesessen hatte. Am nächsten Tag las er in Frankfurt. Sowohl dort als auch in Köln lachten die deutschen Zuhörer über die Geschichten von »Onkel Sandro«. Sie lachten an den gleichen Stellen, an denen auch wir – zum wievielten Mal schon? – lachten. Wenn wir gemeinsam lachen, wächst die Hoffnung, daß die Gräben, wenn auch mit Mühe, überwindbar sind.

Bruchstückhaft kreisen mir Moskauer Bilder im Kopf: Ein Ladentisch, an dem man Zucker ohne Karten kaufen kann ... Wandparolen (im Saal wird über den Rechtsstaat diskutiert): »Ja dem Sozialismus! Nein dem Stalinismus!«, »Alle Macht den Räten!«, »Nein der Ideo-kratie, Nein der Partokratie, Ja der Demokratie!« ... Ein dreistöckiges Kommissionsgeschäft, wo es ebensoschwer ist, das zu kaufen, was man braucht, wie das zu verkau-fen, was man nicht braucht ... Die Straßen meiner Kind-heit – nur die Stoleschnikow-Gasse hat noch ihren alten Namen ... Vertraute Gesichter ...

Ich erzähle den deutschen Freunden, was ich zu Hause gesehen und erlebt habe. Ich lebe weiter zwi-schen zwei Welten, was nach wie vor Kummer, aber auch Freude macht.

... 5. September 1988. Ich bin tatsächlich angekom-men! Flughafen Scheremetjewo. Ich sehe schon die Gesichter der Meinen, winke ihnen zu, rufe; sie können nicht verstehen, warum es so lange dauert, aus meinem Flugzeug sind alle schon durch.

Ein junger Deutscher tritt heran und fragt höflich: »Haben Sie nicht die deutsche Staatsangehörigkeit?« – »Ja.« – »Warum stehen Sie dann in dieser Schlange?« In großen Buchstaben steht da auf russisch und englisch: »Für Sowjetbürger«. Hier stehe ich schon fast eine Stunde. Die andere Reihe ist »Für Ausländer«.

Wenige Augenblicke später liege ich den Meinen im Arm.

Am 12. November 1980 flogen mein Mann und ich auf Einladung von Heinrich Böll nach Deutschland. Nur auf ein Jahr, mit Rückflugkarten in der Tasche und dennoch mit finsteren Ahnungen im Herzen.

Am 22. Januar 1981 teilte man uns schriftlich aus der Botschaft der UdSSR mit, daß wir nicht mehr Bürger der UdSSR seien. An jenem Tag las ich vor der Fernsehkamera (es waren meine ersten deutschen Sätze): »Man kann Mauern und Grenzen errichten und ein herzloses Papier verschicken ›Entzug der Staatsbürgerschaft wegen unwürdigen Verhaltens...‹ Man kann es mir aber nicht nehmen, daß ich in Moskau geboren und aufgewachsen bin, daß ich dort meine Töchter zur Welt gebracht habe und Literatin geworden bin, daß ich dort meine Enkel und den größten Reichtum – meine Freunde – habe, die in Freude und Kummer mit mir sind... Man kann mir die Heimat, die Muttersprache und die nächsten und liebsten Menschen nicht nehmen...«

Jetzt hat es sich bestätigt – man kann es wirklich nicht!

Auch diesmal war der Abschied traurig. Aber ich bin mit der Hoffnung aufs Wiedersehen gegangen. Wenn nur das Leben reicht.

(November 1988)

Träumen Sie deutsch?

Am 28. Februar 1989 notierte R. O. in ihrem Tagebuch: Ich habe angefangen, ein neues Buch zu schreiben. Das erste Kapitel oder die Einleitung heißt: »Träumen Sie deutsch?«

Eine unbekannte Stadt. Ich komme meistens gegen Abend, es ist schon dunkel. Ein bißchen im Hotel ausruhen, etwas essen – und in die Buchhandlung oder den Saal, wo das Treffen mit den Lesern stattfinden wird. An der Tür ein Plakat, ein längst veraltetes Foto, das bin nicht ich, das ist jemand anders.

Eine Einleitung; dann lese ich einen Ausschnitt aus meinem Buch. Zuerst waren es zwei Seiten. Ich hatte mich sorgsam vorbereitet, mit den schweren deutschen Betonungen gekämpft. Heute lese ich dreißig bis vierzig Minuten. Dann, ohne Pause, Fragen und Antworten – der schwierigste und wichtigste Teil des Abends. Die Listen mit den Fragen sammle ich. Im Laufe von fünf Jahren ist die Mappe immer dicker geworden.

Was wollen die deutschen Leser, die hier versammelt sind, über mein Land wissen? Was wollen sie über mich wissen?

»Schreiben Sie auf deutsch?«

Nein, selbstverständlich nicht. Meine Bücher werden übersetzt.

»Erscheinen Ihre Bücher auch in der UdSSR?«

Nein. (Heute füge ich aus Aberglauben leise hinzu: Noch nicht.)

»Sprechen Sie mit Ihrem Mann deutsch oder russisch?«

Russisch natürlich.

»Öffnen sich die Türen in Deutschland jetzt schneller für Sie? Haben Sie sich eingelebt?«

Ja und nein. Um diese Frage zu beantworten, muß ich ein neues Buch schreiben.

»Denken Sie auf deutsch?«

In dem Augenblick, in dem ich antworte, versuche ich manchmal, an die richtige grammatische Konstruktion zu denken. Aber meist übersetze ich meine Antwort einfach.

»Träumen Sie deutsch?«

Ich träume überhaupt selten. Zu Anfang des Exils habe ich meine Töchter, meine Schwester und Freunde vergeblich angefleht: »Kommt bitte in meine Träume!« Manchmal sehe ich die Straßen meiner Kindheit. Öfter bewegte Linien und Farbflecken. Etwas wie abstrakte Malerei.

»Warum wohnen Sie in Deutschland?«

Wahrscheinlich weil ich eine gute Ehefrau bin. Mein Mann ist Germanist, sein Schicksal ist untrennbar mit Deutschland verbunden, so daß für ihn nur Deutschland in Frage kam. Nun, und ich bin mit ihm gegangen.

Zuerst kam diese Antwort spontan. Es gab Beifall, und ich wiederholte sie, obwohl ich mich beim Publikum nicht einschmeicheln will. Ich suche eine Position, die es mir ermöglicht, gleichzeitig ich selbst zu bleiben und eine Brücke zum Auditorium zu schlagen, zu erklären. »Eine gute Ehefrau« – das verstehen alle. Die Zustimmung war allgemein, aber ich spürte sofort, daß in meinen Worten Wahrheit war, aber nicht die ganze Wahrheit.

Die Zeit verging. Als ich wieder einmal die »gute Ehefrau« wiederholte, fügte ich hinzu: Ich habe auch meine eigene Liebesgeschichte mit Deutschland. Und wie in jeder Liebesgeschichte bedeutet das nicht nur

Verliebtheit, sondern auch Bitterkeit. Hochs und Tiefs. Und das, was nicht erklärlich ist.

Das andere will ich zu erklären versuchen.

... 13. Dezember 1981. Kriegsrecht in Polen. Diese schreckliche Nachricht haben wir in den USA gehört. Das unverändert vorhandene Gefühl von Mitschuld: meine Heimat wieder als europäischer Gendarm. Schwarze Verzweiflung. Auch ganz persönlich: Wenn das heute in Polen möglich ist, kann es nicht morgen auch in Rußland möglich sein? Und dann – der eiserne, buchstäblich eiserne Vorhang, wie früher? Keine vertrauten Stimmen mehr, keine Briefe, keine Pakete. Das Ende.

Die Amerikaner sind empört. Veranstaltungen, Kundgebungen, Aufrufe, um die Solidarität mit Polen, den Zorn auf die polnischen Machthaber und die Sowjetunion zum Ausdruck zu bringen.

Zwei Wochen später sind wir wieder in Deutschland. Meine erste bittere, verwunderte Frage: Warum schweigt man hier? Nur wenige Stimmen wurden laut: Heinrich Böll, Günter Grass.

... März 1982. Wir sind eingeladen. Am Tisch mir gegenüber einer der Führer der SPD. Er kommt gerade aus Polen. Der erste offizielle Besuch auf höchster Ebene seit dem 13. Dezember. Er erzählt: »Ich habe mich natürlich nicht mit den Führern der ›Solidarność‹, sondern mit Regierungsvertretern getroffen...«

Auch zu Hause habe ich mich selten an solchen Gesprächen beteiligt. Und hier kommt noch die verdammte Sprachbarriere hinzu. Aber ich kann nicht schweigen. Ich baue einen deutschen Satz:

»Sie, als erster Mensch aus dem Westen, *konnten* mit Vertretern der ›Solidarność‹ zusammentreffen und haben es nicht getan?«

Sein Gesicht läuft rot, dann lila an:

»Das sind doch keine Sozialisten! Die von der ›Solidarność‹ sind doch fanatische Katholiken, das sind Gegner des Sozialismus!«

Vor Wut rede ich noch langsamer als vorher:

»Sie haben mich vermutlich nicht verstanden oder ich Sie nicht. Mein Deutsch ist sehr schlecht. Gegner, Anhänger – was macht das für einen Unterschied? ... Es sind Häftlinge. Und Sie hätten ins Gefängnis gehen können, ihnen ein paar Zigaretten geben oder einfach nur die Hand drücken und haben es nicht getan!«

Ich verstumme. Kummer tritt an Stelle der Empörung. Was kann man erklären?

Gleichzeitig erfahre ich: Lastwagen, ganze Züge mit Lebensmitteln, Medikamenten, Kleidung fahren aus Deutschland nach Polen.

1986 ist ein Ehepaar bei uns in Köln zu Gast, alte Bekannte aus Warschau. Er war damals, vom Dezember an, im »Internat«, wie die Polen die Gefängnishaft spöttisch nennen.

»Fast ein Jahr lang habe ich achtzehn Personen mit deutschen Paketen ernährt«, sagt seine Frau. »Ohne die wären wir einfach umgekommen.«

Wie froh und stolz auf Deutschland war ich in jenem Augenblick.

»Warum leben Sie in Deutschland und nicht in den USA? Sie sind doch Amerikanistin.«

Eine ehemalige. Ich mußte den Beruf aufgeben, den ich dreißig Jahre lang ausgeübt habe, weil ich anfangs kein Deutsch konnte und viel Zeit brauchte, es zu lernen. Aber der Hauptgrund ist ein anderer. Ich möchte von Rußland erzählen, von seiner Kultur, seiner Literatur. Ich glaube, daß ich das kann und muß.

Doch die gleiche Frage kann auch fast vorwurfsvoll klingen:

»Wie können Sie in Deutschland leben und den Nationalsozialismus, die KZs vergessen?«

Das fragten russische Emigranten, manchmal auch Amerikaner.

Nein, ich habe es nicht vergessen. Ich komme nicht aus einem demokratischen Paradies. Seit der Nazizeit sind vierzig Jahre vergangen. Dieses Land, die Bundesrepublik Deutschland, ist in vier Jahrzehnten eine Demokratie geworden. Sicher, zuerst war es eine Demokratie auf fremden Bajonetten. Sicher, auch heute ist sie nicht vollkommen. Hier ist keineswegs die vollkommene Freiheit, Gleichheit, Brüderlichkeit verwirklicht. Aber wo auf dieser sündigen Welt ist sie denn verwirklicht? Ich kann nur immer wiederholen: Auch so eine Demokratie, mag sie noch so unvollkommen sein, ist ein großer Segen. Und für mich ist es auch Anschauungsunterricht, ein Beweis: Das ist möglich nach allem Grauen, aller Schande, nach der Vernichtung anderer, an der nicht nur Hitler, Goebbels & Co. schuld sind, möglich ist die Neugeburt des Volkes. Aber dann ist das nicht nur für die Deutschen möglich. Schließlich sind die Menschen in meiner Heimat nicht schlechter.

So antwortete ich all die Jahre auf die wiederholten Fragen in den still werdenden Sälen.

»Glauben Sie wirklich daran?«

Ja, das glaube ich. Vielleicht nicht morgen. Vielleicht erleben wir es nicht mehr.

Ich habe es erlebt. Heute, 1989, lese ich von tausendköpfigen Demonstrationen in Moskau, in Jerewan, in Minsk (auseinandergejagt), in Kiew und Krasnojarsk. Ich lese von vielstündigen Versammlungen vor den Wahlen. Ich lese Artikel, Reden – noch vor zwei Jahren hätte ich mir nicht vorstellen können, daß je solche Worte in sowjetischen Zeitungen gedruckt und von öffentlichen Podien gesprochen werden könnten. »Wir lernen Demokratie.« Eine Möglichkeit, die ich mir nie hätte träumen lassen, fängt an, fängt gerade eben an, Wirklichkeit zu werden.

Aus Büchern wußte ich theoretisch längst: Demokratie ist das Stimmrecht nicht nur für Vernünftige mit guten Absichten. Für alle. Lange hatten wir die Nachteile für unsere eigenen, keineswegs reinen Ziele ausgenutzt und über die Qualen gespottet, unter denen die amerikanische Demokratie geboren wurde. Heute ist es bei uns zu Hause ähnlich. »Wir lernen Demokratie« ist eine der häufigsten Wendungen. »Vorbereitungsstufe«. Werden wir weiterkommen? Werden nicht die zunehmende Armut, der verbissene Widerstand auf allen Ebenen die Oberhand gewinnen? Werden die Nationalitätenkonflikte nicht den Erfolg abwürgen? Aber es ist so: *Etwas anderes gibt es nicht.*

Das deutsche Volk, in dem ich seit acht Jahren lebe, ist aus jenem schwarzen Loch herausgekrochen, aus jener tödlichen Krankheit, die Totalitarismus heißt, und ist diesen Weg gegangen.

So hat die Geschichte selbst geholfen, meine persönliche Beziehung zu Deutschland zu festigen.

Hier las ich kurz nach unserer Ankunft Wassilij Grossmans großen Roman »Leben und Schicksal«. Davon, wie vor Stalingrad der Sieg errungen wurde. Ein Totalitarismus war besiegt, aber ein anderer triumphierte. Ein tragischer Sieg!

Nach vierjährigen Bemühungen erschien das Buch auch auf deutsch. Die Presse brachte erfreuliche, kluge Rezensionen. Aber die Leserreaktion, auf die wir gehofft hatten, blieb aus. Warum, weiß ich nicht. Ist das Buch nur für Russen verständlich? Nein, das kann nicht sein. Ein Beweis: In Frankreich, wo der Buchmarkt mehr auf das eigene Land konzentriert und verschlossener ist als in Deutschland, wurde Grossmans Roman zum »besten ausländischen Buch des Jahres« erklärt (1983).

Schwer zu lesen? Ja, auch für uns ist es schwer, obwohl es keine modernistischen Raffinessen in dem Buch gibt, die Schwierigkeiten machen. Für Ausländer sind schon die vielen Personen schwierig. Sie bringen die fremden Namen durcheinander, zumal hier die Vatersnamen nicht üblich sind und »Alexander« dasselbe wie »Schura« und »Sascha« ist. Es ist kein Buch, mit dem man sich gemütlich in den Sessel verkriechen kann, mit einem Glas Rotwein in der Hand und leiser klassischer Musik im Hintergrund. Aber Tolstoj und Dostojewski *werden* gelesen…

Totalitarismus – was bedeutet das für das menschliche Leben? Der deutsche und russische Totalitarismus, die Parallelen und Unterschiede.

Zunächst verdrängte ich diese Fragen, konnte mich nicht entschließen, darauf zu antworten, schon gar nicht laut.

Später erfuhr ich, daß diese Fragen auch viele deutsche Intellektuelle, nachdenkliche und aufrichtige, abstießen. Sie machten sie mißtrauisch, weil viele, die auch heute nicht vom kalten Krieg lassen wollen, allzuoft mit ihnen manipulieren.

Ähnlichkeiten und Unterschiede im historischen Schicksal Rußlands und Deutschlands. In Moskauer Zeitschriften lese ich Artikel über Grossmans Roman.

»Mit dem Dialog zwischen dem SS- und dem Komintern-Mann ist der Autor in eine noch unberührte Tiefe vorgedrungen.« (W. Kardin, »Ogonjok« Nr. 23, 1988)

»W. Grossman hat sich als erster an die Konfrontation der beiden Systeme gewagt, nicht nur in ihrer Opposition, sondern auch in ihrer unheilvollen historischen Parallelität...« (Leser W. Meshujew, »Literaturnaja gaseta« vom 24. 8. 1988)

»W. Grossman stellt Stalin auf eine Stufe mit Hitler und macht keinen Unterschied zwischen ihnen. Dabei geht es nicht um die Ähnlichkeit ihrer Natur, ihres Charakters und ihrer Blutdürstigkeit, die sich von selbst versteht, sondern um die Verwandtschaft ihrer Ideologie, der Art der Verwirklichung dieser Ideologie und die ähnlich zynische, rein utilitaristische Einstellung zum Menschen«. (I. Solotusskij, »Nowyj mir« 1/1989)

Deutschland unterstützt die Sowjetunion heute immer mehr mit Technik, liefert viel dringend Notwendiges, von Einwegspritzen bis hin zur Ausstattung ganzer Betriebe. Gott sei Dank, ich kann nur unendlich dankbar dafür sein.

Doch Deutschland kann auch in anderer Hinsicht helfen. Nicht nur die wirtschaftliche Erfahrung Deutschlands sollten wir übernehmen. Auch etwas anderes sollten wir studieren und dort, wo es möglich und zweckmäßig ist, übernehmen: Im einzelnen zu erfahren und zu verstehen suchen, wie die nazistische Vergangenheit überwunden wurde, wie das heute geschieht und welche Gefahren es auf diesem schwierigen Weg gibt.

Ich träume nicht deutsch. Aber ich beobachte mit wachsender persönlicher Anteilnahme die deutschen Schicksale, die sich mir eröffnen.

(1989)

Sich selbst finden III

Aus Tagebüchern und Briefen (1988/89)

30. Juni 1988 (An Mascha)
Wenn Menschen beerdigt werden, sagt man oft: »Unersetzlich.« Zu fragen wäre: Für wen? Natürlich ist im höchsten Sinne jeder Mensch unersetzlich. Aber gerade Mischa* ist für uns wirklich im wahrsten Sinne des Wortes unersetzlich, und zwar für jeden von uns beiden auf seine Weise. Ganz am Anfang unseres Lebens im Westen schrieb uns ein Freund: »Wir lernen, ohne Euch zu leben.« Das stimmte, obwohl dieser Satz, das will ich nicht verhehlen, zu den Splittern gehörte. Aber Mischa hat es nie gelernt, ohne uns zu leben (ebensowenig wie wir ohne ihn), er lernte etwas anderes: unter neuen Bedingungen weiter zusammenzuleben.

Seine Gegenwart in unserem Leben war ständig und ununterbrochen. Seine Stimme, ein Brief, ein kleiner, ohne besonderen Inhalt, einfach ein Gruß: »In Leningrad kommt der Frühling diesmal sehr spät« war, als reiche er uns die Hand, und wir gingen weiter...

Bei allem, was uns anging, war er fast immer als erster dabei: »Hier bin ich.« Und zu allem, was jeder von uns geschrieben hatte, äußerte er sich als einer der ersten. Zumeist begeistert, aber das ist ein anderes Thema. Auch ins Krankenhaus hat er mir ein erstaunliches Telegramm geschickt, ein Telegramm wie ein Signal, wie eine Schulter zum Stützen – du wirst gebraucht, du wirst leben...

* Michail (Mischa) Arschanskij. Vgl. S. 99.

7. August 1988 (An Freunde in Moskau)
Wißt Ihr, daß es hier bei uns schon seit drei Jahren eine neue Unterart von Samisdat gibt – Kopien aus sowjetischen Zeitschriften? So habe ich zum Beispiel zum Geburtstag von einem Freund aus München eine Gedichtzusammenstellung von Kornilow bekommen.

11. August 1988 (An eine Freundin in Leningrad)
Es war immer eine meiner größten Freuden, einfach zu sitzen und auf strömendes Wasser zu sehen.* Auf dem Oberdeck, wohin wir schon wegen der Sonne fast nie gingen, war eine Art Strandbad, aber ich bemühte mich trotzdem, einen Augenblick abzupassen, wo niemand da war (wenn zum Frühstück oder Mittag gerufen wurde), und in das winzige Schwimmbecken zu tauchen ... Wir gingen durch Wien (genau gesagt: wir fuhren mit dem Bus), durch Budapest und Belgrad. Dort störte mich die Hitze und meine Antipathie gegen Tourismus. Am schönsten war es, mit einem Buch an Deck zu sitzen. Das Glück, ungestört lesen zu können, kennt Ihr selbst.

12. August 1988 (An eine Freundin in Moskau)
Ich kann noch immer nicht glauben, daß ich wirklich fahren, sehen, hören, anfassen werde ...** Die Notwendigkeit wächst nur noch. Jetzt studiere ich wie eine Heilige Schrift »Es gibt keine Alternative zu Perestrojka«.*** Es gibt genug zum Nachdenken, genug Fragen an sich selbst und Euch. Ich kann mich nicht genug allein schon über die Tatsache freuen, daß es veröffentlicht worden

* Vom 22.7. bis zum 5.8. machten R.O. und L.K. eine Schiffsreise auf der Donau.
** Im August 1988 erhielt R.O. die Genehmigung für eine Reise nach Moskau.
*** Sammelband. Hrsg. von Jurij Afanasjew.

ist. Aber immer mehr sehnt man sich nach Analyse, sie wird immer nötiger.

Nach der ersten Operation habe ich mich gefragt: »Warum, mit welchem Zweck und welcher Vorbestimmung hat man mich am Leben gelassen?« Nach der zweiten frage ich nichts mehr. Ich lebe vor allem dank der Meinen, aber auch dank aller, deren Hände sich mir entgegenstreckten (verzeih die Sentimentalität). Auch Verzweiflung überkommt mich und öfter als früher… Was soll man machen … Überlege bitte, was ich unbedingt sehen muß, und denke daran, daß die Menschen das wichtigste sind und ich nur wenig vermag.

14. August 1988 (An einen Moskauer Kritiker)
Wenn man mir nach den »Türen« schreibt, daß man angefangen habe, die und die russischen Bücher zu lesen, dann denke ich schon nicht mehr, daß ich hier ganz umsonst gelebt habe.

Den anderen anhören, sich bemühen, nicht nur zu widersprechen, sondern auch zu verstehen. Die Allwissenden, Predigenden vermehren sich katastrophal, wie mir scheint, die Zuhörenden, Fragenden dagegen nehmen katastrophal ab. Im Grunde gibt es doch eine einzige, allgemeine Frage: Gehören wir alle zu einem Menschengeschlecht? Oder teilt sich alles noch immer hoffnungslos in Nationen, Religionen usw.? Wenn letzteres der Fall ist, dann… Dann gelingt es vielleicht in irgendeiner fernen Zukunft.

Vom 5. September bis zum 8. Oktober war R. O. zu Besuch in Moskau.

22. November 1988 (An eine Freundin in Peredelkino)
Nach Moskau ist mit mir auch noch folgendes geschehen: Es fällt mir viel schwerer, Briefe zu schreiben.

Dabei habe ich doch all die Jahre von den Briefen gelebt – vom Erhalten, aber auch vom Schreiben. Buchstäblich.

Noch nicht einmal bin ich zu Bett gegangen, ohne immer wieder vor mir zu sehen: den Flughafen, die Straßen, all die Meinen... Natürlich wäre es eine Sünde, jenen Abschied (1980) mit diesem zu vergleichen, wo doch jetzt nicht nur Hoffnungen aufgetaucht, sondern teilweise auch wahr geworden sind. Immerhin waren ja bei uns: Sweta zweimal und Mascha und Lena*. Und wieviele Menschen aus den verschiedenen Phasen der Vergangenheit habe ich hier schon gesehen. Die wichtigste Hoffnung ist jetzt, mit Lew zusammen hinzufahren.

Ich habe viele Tage hintereinander versucht, Lew von Moskau zu erzählen, ohne etwas zu »verschütten«. Und ich mußte wieder sehen, wie armselig meine Sprache ist, wieviel unterwegs abgebröckelt ist, wie schwer es ist, das Feine zu übermitteln, ohne das Gewebe zu beschädigen... Natürlich waren die Worte von Schluchzen, Interjektionen und Gesten begleitet. Und der ständige Kehrreim »nicht genug« – und das nicht nur an Zeit, die reichte natürlich nicht, sondern auch an seelischem Fassungsvermögen, einfach nicht genug – von mir. Ich hoffe auf das nächste Mal, ahne aber, daß es auch dann nicht reichen wird.

6. Dezember 1988 (An eine Moskauer Freundin in Boston)
Es gelang mir nicht, jeden, den ich hatte sehen wollen (und für den ich wichtig war), allein zu sehen, und es konnte wohl auch nicht gelingen. Gott sei Dank, daß ich noch immer sehen möchte und man mich auch. Es ist

---

* Jelena (Lena) Kopelewa, die älteste der drei Moskauer Töchter.

mir diesmal sehr schwergefallen zurückzufahren. Und diese Probleme – seelische – sind nicht vorbei, auch die nächsten von meinen deutschen Freunden spüren das. Ich hoffe, ich muß nicht betonen, daß sich all das natürlich nicht auf Ljowuschka bezieht. Er hat mir in Moskau sehr gefehlt. Auch er wird dort gebraucht. Was soll man machen, es kommt im Leben nicht immer so, wie man gern möchte, ich darf mich nicht beklagen.

Wenn ich mich an die Moskauer Eindrücke erinnere und das bedenke, was ich jetzt lese, im Fernsehen sehe und von Reisenden höre, dann werde ich das Gefühl großer Unruhe nicht los, einer stärkeren als in den schlimmsten Jahren. Da ist nun AD* in den USA, Dubček war in Bologna, Walesa fährt nach Paris – von allem anderen ganz zu schweigen. Aber schlimm ist vor allem das Unlösbare – Armenien–Aserbaidshan –, das quält.

18. Dezember 1988 (An Swetlana)
Ich bin aus verschiedenen Gründen traurig, daß unsere Reise jetzt nicht stattfindet (obwohl sich der gesunde Menschenverstand zuweilen meldet und sagt, daß wir uns alle beide ganz dringend erholen müssen).** Aber wie traurig, daß wir uns nun so lange nicht sehen! Ja, der Mensch ist undankbar! Wie oft (und noch im Krankenhaus nach der ersten Operation) habe ich ehrlich gedacht: Nur ein einziges Mal, dann würde ich ... Und nun ist ein- und sogar zweimal noch längst nicht genug. Über so viele, so vieles müßte man reden, fragen, etwas sagen und einfach in unserem Park spazierengehen. (Außer dem einen nostalgischen Spaziergang, der mir als sehr traurig in Erinnerung ist, wüßte ich nicht,

* AD – Andrej Dmitrijewitsch Sacharow
** Die Anträge auf eine gemeinsame Moskaureise wurden abgelehnt.

daß ich mit Dir in Moskau spazierengegangen bin.) Es wäre so nötig. Auch für Ljowuschka. Du weißt es selbst.

18. Dezember 1988 (An Mascha)

Hier in dieser Welt sind wir, was Komfort angeht, ganz verdorben. Wenn man mich im übrigen fragte (auch heute noch): »Wie ging es Ihnen denn in dieser Hinsicht in Moskau?«, dann verstehe ich überhaupt nicht, was gemeint ist. Nicht, daß ich den Alltag nicht bemerkte; ich habe ihn sogar sehr gemerkt, obwohl Ihr, Sweta und Du, mich von allem ferngehalten habt – ich habe mich in dieser Hinsicht einfach wirklich nicht verändert.

Die Zeitschrift »Die Gegenwart«, die seit fünfzig Jahren in der Schweiz erscheint, gab eine Sondernummer über Rußland heraus. Es ist offenbar eine anthroposophische Zeitschrift. Gedacht wird Solschenizyns siebzigsten Geburtstags, Ajtmatows sechzigsten Geburtstags, Paustowskijs zwanzigsten Todestags, Mandelstams fünfzigsten Todestags und… meines siebzigsten Geburtstags. Es war und ist mir sehr peinlich, aber es ist so.

22. Dezember 1988 (An Freunde in Moskau)

Ich lese, wenn es mir nicht gut geht, und je schlechter es geht, desto nötiger brauche ich ein Buch. Es gibt Augenblicke, da ist das Lesen die einzige Rettung… Ich sitze in unserem »Arbeitszimmer«.* Ohne Anführungszeichen übrigens. Ein kleiner, leerer Raum mit Tischen und Stühlen. Und denke zurück. März 1981. Wir sind zum zweiten Mal hier, zum ersten Mal, um hier zu leben (das erste Mal war mit L. im Dezember 1980, um ein fürchterliches Stück über Dr. Haass zu sehen). Wir

---

* Über Weihnachten wohnten R. O. und L. K. im Kurhaus von Bad Münstereifel, wo sie auch ein besonderes Arbeitszimmer zur Verfügung hatten.

hatten schon die Staatsbürgerschaft verloren. Wir waren schon in Wien, Paris und Genf. Ich will Deutschkurse besuchen. Noch ganz stumm und taub. Man hatte einen Bericht fürs Radio über die ersten Eindrücke bei mir in Auftrag gegeben. Ich sitze am Tisch und bringe den ersten Satz hervor, der dann zum Titel wird: »Die Türen öffnen sich langsam«. Das Schicksal dieses Buches, das bis heute gelesen, neu aufgelegt und verkauft wird, ist erstaunlich. Jetzt ist eine Ausgabe in Großdruck für Sehbehinderte erschienen. Kaum zu glauben, daß nun auch noch eine Zeitschriftenfassung erscheinen wird, die ich für die »Inolit« vorbereitet habe.*

24. Dezember 1988 (An eine Moskauer Freundin in London)
Schon lange (viele Jahre) denke ich über ein Buch nach, eine Bilanz, keine Erinnerungen, obwohl natürlich auch aus dem Leben. Etwas über Illusionen. Jetzt scheint mir, daß ich nichts Neues mehr schreiben kann. Nach wie vor lese ich wie wild. Empfehle. Rezensiere (selten).

24. Dezember 1988 (An eine Moskauer Freundin in Jerusalem)
Nach Moskau ist es fast unmöglich für mich geworden, Briefe zu schreiben. Erst jetzt komme ich so langsam wieder da heraus. Sei also bitte nicht böse. Es war wundervoll. Zweiunddreißig Tage auf einer Wolke aus Liebe und Freundschaft. Es war sehr schwer zurückzufahren. Nur können Ljowuschka und ich absolut nicht ohne einander. Unsere gemeinsame Reise ist zunächst verschoben, wir haben noch immer keine Genehmigung und sind beide schrecklich müde. Zum ersten Mal im

* Sie erschien im Juni-Heft 1989 der Zeitschrift »Inostrannaja literatura«.

Leben hatte ich so etwas wie eine Depression, nach all den Medikamenten.

24. Dezember 1988 (An Schweizer Freunde in Washington)
In den zweieinhalb Monaten seit meiner Rückkehr waren bei uns neunzehn Personen aus Moskau zu Gast!

27. Dezember 1988 (An einen befreundeten Lyriker in Moskau)
Ich habe Lew ausführlich erzählt, wie schön unser Wiedersehen war. Jetzt hoffe ich auf eine gemeinsame Reise. Obwohl der Artikel in der »Sowjetskaja Rossija« auch wieder Zweifel aufkommen läßt.* Noch immer wiederhole ich sehr oft (und schon voller Trauer):

> Die Hoffnung ist noch nicht erloschen,
> Und Seit' an Seite saßen wir...**

Und jetzt?!
Das Gefühl von Zersplitterung (vermutlich unvermeidlich) gehört zu den traurigen Eindrücken. Wir hatten schon davon gelesen, aber zu Hause habe ich es selbst gesehen. Wir haben es nicht geschafft, darüber zu sprechen (wie über vieles andere auch nicht). Wie vieles habe ich nicht gefragt!

1. Januar 1989 (An Mascha)
Ich war selbst überrascht, als sich herausstellte, daß ich im vorigen Jahr in dreiundzwanzig Städte gereist bin, in einige mehrmals. Und Lew und ich haben etwas über hundert Tage auf Reisen verbracht. Und dabei hatte ich doch eine Operation, und was für eine...

---

* In der Zeitung »Sowjetskaja Rossija« war im Dezember ein Hetzartikel gegen L. K. erschienen.
** Aus einem Gedicht von Wladimir Kornilow über Sacharow.

1. Januar 1989 (An Eva Rönnau)

Ein sehr schweres Jahr ist vorüber. Wenn ich nach der ersten Operation mit dem Gefühl aus dem Krankenhaus kam, daß das Schlimmste hinter mir lag, so war es diesmal (nicht nur in der Vergangenheit – es war und es ist!) natürlich anders.

Aber dafür sind in diesem Jahr Mascha, Swetlana mit Mann und Lena gekommen. Alle drei Töchter. Und in zwei Wochen kommt meine Schwester. Das ist Glück. Ich hatte nicht zu hoffen gewagt, daß ich das erleben würde. Aber die ganze Lebensweise, die sich im Laufe der Jahre eingespielt hat, wird umgebaut. Ja, auch bei uns im Haus ist Perestrojka! Ich arbeite jetzt in den Pausen, wenn die Unseren nicht bei uns im Haus sind. Auch der Arbeitsrhythmus ändert sich. Jetzt schwanke ich: Ich habe die Idee zu einem neuen Buch, die sich schon seit langem angestaut hat und nun anfängt hervorzubrechen. Aber andererseits habe ich starke Zweifel – wird mir etwas Neues gelingen?

6. Januar 1989 (An Freunde in Leningrad)

Ich sehe die Artikel durch, die ich in den letzten zwei Jahren für deutsche Zeitungen und Zeitschriften geschrieben habe. Sie befassen sich alle mit der Literaturentwicklung in diesen Jahren. Ich habe sie zusammengepackt und überlege, ob man nicht ein Buch daraus machen könnte: »Zu Hause und in der Fremde«. Mit abwechselnden Kapiteln: in Moskau, in Köln. Habe aber noch Zweifel.

Ihr schreibt, daß Ihr überhaupt keine Zeit habt und beide sehr beschäftigt seid. Dasselbe kann man auch von uns sagen. Meist freue ich mich darüber (auch für Euch): Nur die Arbeit vertreibt die trüben Gedanken. Für mich ist es die einzige Medizin. Aber manchmal scheint es mir jetzt, als ob wir nur über unseren Büchern und Manuskripten sitzen, ohne aufzublicken, und uns keine Zeit nehmen, über die wichtigsten, letzten Fragen des Lebens nachzudenken... Aber vielleicht sind das nur müßige Gedanken.

6. Februar 1989 (An eine Freundin in Moskau)
Was unsere Rückkehr oder Nichtrückkehr betrifft, so bekommen wir bislang einfach kein Visum. Es ist also sinnlos, darüber zu reden, aber ich muß ehrlich sagen, daß es mich für uns alle schmerzt.

6. Februar 1989 (An Mascha)
Was geht nur vor sich?... Wenn man dreieinhalb Jahre zurückblickt, kann doch selbst der Voreingenommenste nicht darüber hinwegsehen, daß auf unserem Gebiet so etwas wie eine Annäherung an die Wahrheit oder eine Tabuaufhebung oder geistige Freiheit Wirklichkeit wird, ich will hier nicht um Begriffe streiten. Es haben nicht nur große Veränderungen stattgefunden, sondern solche, wie es sie in all den siebzig Jahren noch nicht gegeben hat. Und andererseits: gedrückte Stimmung, Erwartung des Zusammenbruchs, tiefste Unzufriedenheit. Das ist ja nicht nur, weil die Geschäfte nach wie vor leer sind (obwohl auch das sehr wichtig ist). Ich kann und mag nicht anders, als mich über jedes Heft, etwa von »Ogonjok«, zu freuen. Aber was ist dahinter? Auch nachdem ich da war, alle gefragt und die widersprüchlichsten Antworten erhalten habe, auch nach meiner Erfahrung ist mir noch immer vieles und gerade das Wichtigste unklar. Bei diesen unwahrscheinlichen Umständen habe ich keinerlei Beurteilungserfahrung, und wer von allen, die nicht im Besitz der absoluten Wahrheit sind, hat sie schon?

8. Februar 1989 (An den Bruder Leonid in Moskau)

In den letzten Tagen sagen wir uns gegenseitig immer wieder, daß wir Gott für das zu danken haben, was er uns geschickt hat. Aber man möchte sich auch (bei wem?) beschweren: Warum ist es nur so eingerichtet, daß man sich nicht ganz normal und selbstverständlich treffen und sein eigenes Leben dabei weiterleben kann, anstatt fieberhaft alles immer wieder aufzuschieben? Aber das ist eine Sünde.

28. Februar 1989 (An Ljusja)

Ich habe angefangen, ein neues Buch zu schreiben. Das erste Kapitel oder die Einleitung heißt: »Träumen Sie deutsch?« – das ist eine der wirklichen Fragen. Schade, daß ich Dir diese Mappe nicht gezeigt habe. Und vieles andere ist auch schade. Aber die Hauptsache: Dem Schicksal sei Dank!*

28. Februar 1989 (An Mascha)

Ich schicke die Kopie von unserem Brief an Marischenka**. Wenn sie ankommt, sag sofort Bescheid. Es kann doch nicht sein, daß wir uns per Post nicht mehr schreiben können? Ich habe absolut keine Lust, für den Papierkorb zu schreiben. Zumal es sowieso so schwierig geworden ist, Briefe zu schreiben (nach Moskau). Und jetzt, nach diesen beiden schweren Wochen – die Untersuchungen selbst, das Damoklesschwert –, besonders. Ich möchte durchaus keine Angst und Unruhe verbreiten. Ich habe die ganze Zeit versucht, auch zu arbeiten, aber es gelingt nicht immer.

  * Die Schwester durfte im Januar/Februar nach Köln kommen.
  ** Die Enkelin Marina

3. März 1989 (An einen Moskauer Freund in Boston)

Diese drei Wochen waren bei uns sorgenvoll: Die gleichen Untersuchungen haben wieder etwas Neues ergeben, und erst gestern kam die Erleichterung, ein Stein ist gefallen. Sie glauben, es ist die alte Narbe. Schon gut, zum Teufel mit diesem Thema. Bei uns ist alles unverändert, die Ablehnung bleibt fest. Wir werden es wieder auf Einladung der Familie versuchen. Man verspricht Veröffentlichungen [in Moskau]. Lew erhielt einen wunderschönen Brief von einem Kolchos-Ökonomen aus dem Gebiet von Saratow (der hat sein Interview im »Nowoje wremja« gelesen).

9. März 1989 (An eine Freundin in Peredelkino)

Nun erfülle ich Ihre Bitte und berichte von mir und Lew. Es gab neue Sorgen, doch es ging günstig aus. Erst seit einigen Tagen kann ich mich jetzt wieder freuen, daß alles gutartig ist. Zunächst aber war es ermüdend. Ich sitze am Arbeitstisch, gehe spazieren, empfange viele Gäste aus Moskau. Manche von ihnen sind sehr nahe Freunde. Wir hoffen, daß wir in einer Woche nach Paris fahren werden; es ist immer noch kaum vorstellbar, daß wir dahin fahren müssen, um Swetlana und Koma zu sehen. Sie kommen für zwei Wochen nach Paris, Koma wird dort Vorlesungen halten. Anschließend sollen sie für drei Monate nach Kalifornien.

Ich lese immer weiter wie süchtig, ohne Unterbrechungen. Doch immer öfter der Wunsch, eine Pause zu machen, zu versuchen, darüber nachzudenken. Nicht nur über ein bestimmtes Buch – das endlich »zurückgekommen« ist[*] –, sondern um den Prozeß zu erspüren,

---

[*] Erstpublikationen von Werken, die bislang in der UdSSR verboten waren.

wie verhält sich das eben Gelesene zum täglichen Leben, zu dem, was auf dem Fernsehschirm, im Film, im Theater zu sehen ist. Ihr Brief ist eine Erzählung über die *Vorarbeit,* das ist eben jetzt für mich außerordentlich wichtig. Fast zwei Jahre geht bei mir eben das gleiche vor, bis jetzt absolut fruchtlos. Ich schreibe irgendwelche Bruchstücke und kann immer noch nicht das Ganze erfassen, mir dessen bewußt werden, und hoffe immer, daß ich nur *noch* nicht so weit bin, um das Ganze zu erspüren. Ich habe dafür wohl triftige Gründe, aber daran liegt es nicht. Zweimal war ich im Krankenhaus, und jedesmal habe ich dort zu schreiben begonnen, kritzelte etwas aufs Papier. Aber das Ganze bewegt sich nicht. Höchstmöglich, daß ich zu früh zum Schreibtisch kam. Doch vielleicht tröste ich mich nur selbst.

Lew arbeitet sehr viel, jetzt schreibt er das Vorwort zum nächsten Band seines Projekts, Russen im 17. Jahrhundert über Deutschland und Deutsche, er ist ganz vertieft in Kljutschewskij, Solowjow; solange er liest, ist er glücklich. Aber kaum beginnt er zu schreiben, ist es wie bei mir (siehe oben). Er rebelliert gegen das Alter. Die Rebellion hilft ihm einerseits, eben manches von der Jugend zu erhalten, aber andererseits ... Gestern stritten wir. Er sagte: »A. A.* hat Stalin und Mohammed persönlich gehaßt.« Ich fügte hinzu: »Und Shdanow.« Aber er erwiderte: »Nein, den hat sie bloß verachtet.«

12. März 1989 (An Mascha)
Gestern waren wir in der Hülchrather Str. 7, zum ersten Mal seit Dezember 1980. Ich erinnere dich, dort ist die Wohnung der Bölls, in die wir am ersten Tag direkt vom Frankfurter Flughafen kamen. Jetzt gehört die Woh-

---

* Anna Achmatowa

nung seinem Sohn Vincent, gestern war sein Geburtstag und zugleich Wohnungseinweihung nach der Renovierung. Wir kamen als erste Gäste. Es fiel schwer einzutreten. Die Vergangenheit – relativ nah und dennoch schon fern – überwältigt. Die Wohnung erschien sehr groß und irgendwie noch unbewohnbar. Noch keine Bücherregale, und damals sahen wir als erstes Bücher, Bücher, Bücher. Bald kamen viele Gäste, Verwandte, Freunde. Eines war besonders erfreulich, die Wohnung war erfüllt von einer lebhaft bewegten und laut klingenden internationalen Gemeinschaft, am häufigsten hörte man Spanisch. Viele dunkelhäutige Gäste, Schulfreunde und Kommilitonen von Teresa und Vincent. Eine Freude war es, Annemarie zu sehen. Wie lieb, herzlich und weise empfing sie die Gäste. Und es war offensichtlich: Die Freunde ihrer Söhne sind auch ihre Freunde.

Morgen beginnen meine Spritzen, drei Tage hintereinander. Wenn alles gut verläuft, fahren wir am siebzehnten nach Paris. Bis dahin bleiben nur gezählte Tage, sogar Stunden. Die ganze Zeit denke ich über mein neues Buch nach. Es haben sich schon viele Notizen angesammelt und liegen in verschiedenen großen Mappen. Ich weiß nicht, was daraus wird.

30. März 1989

Lena* starb nachts um 1.15 Uhr. Morgens weinende Irene**. Saßen zu zweit zusammen. Heute Totenmesse zu Hause. Es kamen Kollegen von der »Deutschen Welle« und Nachbarn aus dem Dorf. Begräbnis Montag, den 2. April. Wann begann unsere Freundschaft? Kann mich jetzt nicht genau erinnern. Wir feierten mit ihr

---

 * Jelena (Lena) Wargaftik (1933–1989)
 ** Die gemeinsame Freundin Irene Kawohl

»das 20jährige Jubiläum« im Februar 1985. Ihr Buch über Helene Weigel widmete sie zuerst »für Lew Kopelew«, dann mußte es »für Lew K.«, dann nur noch »für L. K.« heißen. Gott sei Dank – das blieb. Es wurde auch neu aufgelegt. Sie kam zu uns, später schon zu zweit [mit ihrem Mann], nicht nur nach Moskau, überallhin, wo wir waren. Jedesmal, wenn wir in Leningrad waren, kamen wir zu ihnen. Sie erzählten uns, daß sie sich taufen ließen. Wir: »Glaube ist verständlich, aber wozu die Kirche?« Lena: »Ihr seid beide in allem ganz anders als unsere Eltern, aber ihr sprecht genau wie sie.«

Lena kam nach zwei Hausdurchsuchungen zu uns: »Wir haben beschlossen auszureisen.« – »Lena, was denken Sie sich. Hier sind Sie umgeben von Freunden, und dort? Dort kommen Sie in die Leere.« – »Morgens wenn ich in meine Küche [in einer Kommunalwohnung] und dann auf die Straße, in die Metro gehe, dann beginne ich *alles, alles* zu hassen...« – »Nun, dann fahren Sie.«

Ihren Tumor entdeckte man im Oktober. (Ich schreibe es, und plötzlich denke ich: Ist es die Speiseröhre? Wie eine Nuß – es quält – ein drittes Mal werde ich es nicht ertragen. Nein, wenn's notwendig ist, damit Sweta kommt.)

Lena 5 Monate, Frida 7.*

(Wieder las ich in meinem Buch** und erstaunte – hatte keine Vorahnung, eigentlich noch bis in die jüngste Zeit. Anderthalb Monate nach Ljusjas Abreise glaubte ich, daß Krebs mit jemand anderem geschieht, daß das nichts mit mir zu tun hat.) Hier gab ich Lena

---

* Zahl der Monate zwischen Operation und Tod
** Das Kapitel über Frida Wigdorowa (1915–1965) im Erinnerungsbuch »Eine Vergangenheit, die nicht vergeht«

jede Zeile zu lesen, auch drüben, zu Hause, war es so; die Manuskripte meiner »Erinnerungen« las sie bei uns in der Wohnung, sie blieb dort, während wir nach Peredelkino fuhren.

Ein Abend in dem kleinen Häuschen in Komarowo 1979. Wir hörten die [Deutsche] Welle. Plötzlich sprach eine Lina Petersberg* etwas über Theaterfestspiele. Und dann [hörten wir sie wieder] in Moskau nach dem Artikel »Judas in der Maske des Don Quijote«**, ein sehr scharfes Interview. Es gab auch viele Auseinandersetzungen. Zuletzt im Krankenhaus: »Ich würde nie in der Schlange für Sowjetbürger stehen.*** In dem Augenblick, als die weinende Irene hereinkam, lag meine Hand an der Brust, und ich spürte plötzlich den Tumor, groß wie ein Ei, ziemlich hart. Gedanken kamen, Ljowa habe ich nichts gesagt, erst als der Termin bei Professor Klein kam. Eine Muskelentzündung, man braucht nichts zu machen. Irgendwie ist es mit der Narbe verbunden. Vielleicht auch deswegen die Schmerzen und ein Gefühl der Schwere.

1. April 1989
Heute morgen Fieber, ich dachte schon, alles ist vorbei. Aber ich war schon beim Frühstück müde, ging mit Elisabeth bis zur Bäckerei, mußte zweimal unterwegs auf einer Bank sitzen, und dann ging es schon kaum noch bis zum Bett. Blieb fast zwei Stunden liegen. Las Oleg Klings »Die nichterfundene Landschaft«****. Ein be-

---

* Pseudonym von Lena Wargaftik

** Ein Hetzartikel gegen L. K. in der Zeitung »Sowjetskaja Rossija« vom 4. Februar 1980

*** Vgl. S. 120

**** Ein Bericht aus einem Lager

drückendes Gefühl der Schuld. Ich hätte es nicht lesen müssen. Keiner hat mir doch gesagt oder geschrieben, ich müsse es unbedingt lesen. Wieviel Leid mußten meine Zeitgenossinnen erleben, wieviel schreckliches soziales und persönliches weibliches Leid blieb mir erspart. Deswegen können wir mit Swetlana manchmal keine gemeinsame Sprache finden. Gestern schrieb ich den ganzen Tag am Nachruf [für Lena], schrieb ihn immer wieder um. Gab mir Mühe, nur keine pauschalen Sätze (schon der erste Satz war sehr schlecht), viel über sie persönlich – so, daß es ihr gefallen hätte. Muß noch weiterschreiben. Nach dem Mittagessen will ich wieder in den Park, auf der Bank sitzen. Dann zurück an den Schreibtisch.

2. April 1989
Abends Schmerzen, morgens Schwäche. Abschied von Sweta und Koma, telefonisch.

Oleg Klings »Die nichterfundene Landschaft« – starker Eindruck, sehr begabt, und immer das wachsende, aussaugende Schuldgefühl. Wieviele Leiden blieben mir erspart. Ich wiederhole das, weil eben das Gefühl sich wiederholt, nicht weggeht, und so kehren die Worte wieder. Darüber streite ich mit den Meinen, mit Ljusja, mit Sweta. Herrgott, laß nicht zu, daß ich mich auf die eigenen Leiden konzentriere. Das Gebet von Franz von Assisi – an fremde Leiden denken, der Kelch ist voll davon.

Ich lese immer schlechter, das heißt ich vergesse. Alles wird durch mich gesiebt wie Sand: eines nach dem anderen, Tausende von Fakten, nicht allzuviele Gedanken. Bitter, daß Lew und ich nirgendwo existieren, weder dort noch hier (Ausnahmen selbstverständlich in Deutschland). Jetzt soll drüben sein »Tröste meine

Trauer« erscheinen. Schreckliche Angst. Was, wenn sie das Kapitel über A. I.* jetzt, zur unrechten Zeit, als Vorabdruck publizieren. Warum habe ich nicht verlangt, *welches* Kapitel sie bringen sollen.

3. *April 1989*
Der Tag von Lenas Begräbnis. Schrecklich das Nichtwiedererkennen-Können, nur die Finger.

In der Zeitschrift »Wek XX. i mir« (Das 20. Jahrhundert und die Welt«, Nr. 1, 1989) ein Zitat von Nadeshda Mandelstam: »Wir haben uns einst vor dem Chaos so erschreckt, daß wir plötzlich alle um eine starke Macht, um einen mächtigen Arm flehten. In jeder Auseinandersetzung, in jedem besonderen Gedanken vermuteten wir wieder Anarchie und ein unüberwindbares Chaos, und wir haben selbst geholfen – mit unserem Schweigen oder mit unserer Zustimmung –, der starken Macht geholfen, an Stärke zu gewinnen.« Nun geht es nicht darum zu fragen, weswegen jetzt keine Artikel zu diesem Thema erscheinen. Es geht darum, daß die liberale Variante der Perestrojka nicht mit Karabach vereinigt werden kann und nicht mit anderen spontanen Bewegungen, die heute von unten kommen. Schmerz, um die Wette Angst, aus Vernunft oder aus Instinkt?

4. *April 1989*
Genehmigung ist da. Lew mit Fotos nach Bonn [zum Konsulat], dann muß er Flugkarten holen. Alles ist da, Visa, Flugkarten. Das hat jetzt Armin Ahrendt** erreicht, er alarmierte das Auswärtige Amt.

* Alexander Issajewitsch Solschenizyn
** Freund, Stadtdirektor von Bad Münstereifel

148

8. April 1989 (Am Tag der Ankunft in Moskau)
Ich hoffe, die Heimaterde gibt uns noch irgendwelche
Kräfte … Wir werden alles sehen, und dann kehren wir
zurück, vielleicht in besserem Zustand.

9. April (Moskau)
Lew 77 Jahre. Beinahe das erste, was er heute sagte: »Ich
will nach Köln.« Gestern anderthalb Stunden Demüti-
gungen, Zorn. Schikanen.* Herzkrampf. Es halfen uns
die Allardts, Michaela Riese.** Lew gab ein Interview für
die »Moskowskije nowosti« (Moscow News) über die
Schranken hinweg. Ich bat sie, Jakowlew*** anzurufen.
»Aber dann läßt man uns nicht hierher zurück.« Das war
ihnen wichtiger, als uns aus der Klemme zu helfen.
Draußen eine Menge von den Unseren, dreißig bis vierzig Menschen. Versuchte vergebens zu zählen.
  Schmerzen dort (am Flughafen), dann abends, nachts,
morgens. Ich lege mich schlafen.

Auf uns strömt so viel Zärtlichkeit zu, Besorgtheit,
wahre Liebe, daß es trotz all des Kränkelns wunder-
schön ist. Das Telefon klingelt seit frühmorgens. Ich
stand um sieben Uhr auf, nach unserer deutschen Zeit
ist es noch fünf. Und seit acht Uhr klingelt das Telefon
ununterbrochen. Ich habe noch eine besondere Freude:
Überall um mich höre ich russisch sprechen. Das ist
doch ein riesiges Glück. Wir sind nun wirklich reine
Lügner: Wir haben so viel für die kommende Woche

---

* Paßkontrolle am Flughafen, man nahm den Paß von L. K. und
 ließ beide ohne jegliche Erklärung lange warten.
** Renate und Alexander Allardt, Mitarbeiter der Deutschen Bot-
 schaft in Moskau; Michaela Riese, Frau des WDR-Hörfunkkor-
 respondenten in Moskau.
*** Chefredakteur der Zeitung »Moskowskije nowosti«

versprochen, daß wir es auch nicht in einem Monat fertigbringen. Hoffentlich werden wir morgen irgendeinen Terminplan aufstellen und wenigstens irgendeine Ordnung schaffen können.

10. April

Der dritte Tag. Gestern habe ich kaum etwas aufschreiben können. Lews Geburtstag. Die erste Tageshälfte war gut. Wir spazierten, sprachen einiges auf Tonband. Dann aber legte ich mich hin und wollte gar nicht mehr aufstehen. Doch ich verstand, so darf's nicht sein. Bereits um vier kamen die ersten Gäste. Dann stand ich doch auf, zog mein schönstes Kleid an. Es kamen sehr viele Menschen, die Jungen setzten sich ans Fernsehen. Nikitka* ist viel älter geworden.

12. April

Gestern morgen im Krankenhaus. Punktion. Wegen meiner vielen Narben hatten sie es schwer. Zunächst klappte es gar nicht. Es tat weh. Aber das hat nichts zu bedeuten, den Schmerz habe ich sofort vergessen. Aber ich war sehr schwindelig und wollte mich hinlegen. Und als Julik** sehr zärtlich sagte: »Liebling, mein Liebling«, da sagte ich ihm: »Julka, es ist ja schrecklich, daß du es machst. Lieber wäre es irgendein ganz Fremder. Einem Fremden wäre es leichter. Dir ist es schwer.« – »Na, ich bin es doch gewöhnt.« Nachher erinnerten wir uns, wie viele Freunde er in seinem Krankenhaus betreut hat. Er ist ein Mensch von grenzenloser Güte. Und diese Güte verbreitet er um sich.

---

* Der Urenkel Nikita

** Julij Krelin. Chefarzt an einem Moskauer Krankenhaus, Schriftsteller, Freund der Familie.

Reso* ist tot. Zuerst große Verwirrung bei uns, denn noch im Sprechzimmer von Julik hatte einer der jungen Ärzte, ein Georgier, dessen Angehörige in Tbilissi leben, erzählt, daß man ihn nachts angerufen und über die gräßlichen Geschehnisse** berichtet habe. Als wir dann nach Hause kamen und man uns sagte, jemand habe angerufen und gesagt, daß Reso tot ist, konnten wir das absolut nicht fassen. Aber Reso starb an einem Infarkt in Weimar. Heute abend soll sein Sarg hier ankommen; Ljowa und Lena werden hingehen. Ich aber habe einfach keine Kräfte dafür. Ich erinnere mich immer wieder an ihn, erinnere mich an unsere Begegnungen; sein Leben, seine Präsenz war auch ein Teil meiner Welt, und das ist eben: »Frage niemals danach, wem die Glocke schlägt«. Doch darüber kann und will ich heute nicht schreiben, vielleicht später.

Die ganze Zeit Georgien. Gespräche, Gedanken. Alle Straßen waren gesperrt, bis auf eine, durch die Truppen, Panzer, Luftlandetruppen aus Gorkij, aus Kujbyschew kamen. Sie erschlugen mit Klappspaten. Gestern sogar im Fernsehen ein Bericht, 18 Tote. Man sagt, die Zahlen seien untertrieben, eine Masse Verwundeter, aber keiner von uns will glauben, daß es einen Befehl zu töten gab. Diese Ver-Tierung der Menschen. Wie kann man nach all dem Blut einen Menschen mit dem Spaten totschlagen, und nur dafür, daß er Hungerstreik macht. Das ist unvorstellbar.

* Rewas Karalaschwili (1938–1989). Georgischer Germanist; Schüler und Freund.

** Nachts am 9. April haben Sondertruppen eine friedliche Kundgebung vor einem Regierungsgebäude auf einem Platz in Tbilissi mit Tränengas, Stöcken und Klappspaten rücksichtslos angegriffen. 18 Menschen starben. Mehrere Hundert wurden verletzt.

15. April, 8 Uhr (morgens)

Jetzt bin ich allein. Alle schlafen. Heute ein Treffen in der Redaktion der »Junost«. Ich hoffe sehr hinzugehen. Gestern war der Tag des »Hinauskrabbelns«. Ich lag, ging spazieren, legte mich wieder hin; abends war der Fahrstuhl defekt, deswegen blieb ich mit Mascha und Marischa* auf dem Balkon.

15. April (abends)

Heute vor einer Woche saßen wir im Zug Köln–Frankfurt. Und dann flog ich, man darf's auch so sagen, zu meinem Moskau und kam geflogen … ins Bett. Gestern war ein besonderer Abend, irgendwie eine Wende. Ja, es ist schlecht, ich kann kaum gehen, aber ich sehe all die Meinen, das ist ein großes, großes Glück.

Gestern saß Lew bis 2 Uhr nachts mit den Kindern**, sie stritten über Christentum und Sozialismus. Mir ist das sehr angenehm, je mehr sie miteinander sprechen, desto besser. Überhaupt ist dieser Teil des Lebens absolut wolkenlos, trotz all der Schmerzen und Leiden. Einfach wolkenlos, weil man so mit den Kindern zusammen ist. Ich bin entschlossen, diese drei Tage*** durchzuhalten.

Gestern abend sehr starke Schmerzen, viel zu starke, bis Julik kam und die Spritze setzte. Dann ging es vorbei. Aus dem Fernsehen erfahre ich viel Neues und Wichtiges. Es gibt wirklich eine vollständige Offenheit; aber die Widersprüche der Glasnost sind erkennbar am Beispiel von Georgien. Morgens erreichte ich telefonisch

---

   * Die Enkelin Marina
  ** Der Enkel Ljonja und seine Freundin Shenja
 *** Drei Tage Chemotherapie

Nana*, ich hörte ihre Stimme zum ersten Mal seit acht-
einhalb Jahren. Wir weinten an beiden Seiten der Leitung. Sie sagte: »O Gott, wieviel hat er mir über Sie
erzählt.«** Dann aber sagte sie: »Sie können sich diesen
Schrecken bei uns nicht vorstellen. Diese Barbaren,
diese Mongolen. Sie rannten mit ihren Totschlägern
durch die Stadt hinter den Jungen her, die nur sangen
und beteten.« Darüber hat man im Fernsehen damals
sehr schlecht berichtet. Auch am zweiten Tag. Sche-
wardnadse hat sehr gut zu sprechen begonnen, zualler-
erst gedachte er der Toten des Aufstands. »Ein Tag der
tiefen Trauer, der Trauer nicht nur für Georgien ...«
Zum Andenken an die Toten fand er gute, rührende
Worte. Aber dann ging es wieder los mit dem alten,
toten Vokabular – Gorbatschow, Perestrojka, irgendwelche Extremisten oder Mißbräuche der Demokratie ...
Ziemlich ekelhaft. Die Regierung dort ist ausgewech-
selt worden. Das ist notwendig, doch es hat nichts zu
bedeuten. Das gab es schon immer. Ein Sündenbock
wurde gefunden. Aber immer noch keine Antwort auf
die direkten Fragen: Wie und warum hat es begonnen?
Wer gab die Befehle, diese Truppen zu holen? Darüber
wurde nichts gesagt. Und ich höre nur Nanas Stimme:
»Das wird nie vergessen werden.«

17. April
Heute habe ich »zur Abwechslung« nicht geschlafen. Es
scheint mir, daß trotz aller Abscheulichkeiten irgendeine Verbesserung kommt, eine ganz kleine. Vielleicht
wird es noch werden ... Eines darf ich sagen, die Anwesenheit meiner Lieben hier, die hilft.

---

* Die Frau von Rewas Karalaschwili
** Im Januar war er zu Besuch in Köln gewesen.

18. April

Die erste Nacht ohne jegliche Schmerzen. Nun ist es etwas leichter. Ich saß ein wenig vor dem Fernseher, ermüdete bald, schlief aber eigentlich ganz normal. Ich fürchte mich sehr, das zu sagen, denn noch vor kurzem war es so schlecht, mit Erbrechen. Dennoch ist es irgendeine Wende zum Besseren. Wirklich, es ist so. Endlose Telefonate, sehr viele. Manche absolut nutzlos. Trotz alledem bin ich glücklich, hier zu sein. Aus Köln eine sehr gute Nachricht: Die Blutproben sind gut, und die Chemotherapie kann für zwei Wochen vertagt werden. So können wir vielleicht länger hierbleiben.

20. April

Ein klein wenig besser, dennoch zwei Stunden lang die gewöhnliche Morgenbehandlung. Bin absolut kraftlos und will nur liegen. Gestern Gespräch mit einer Studentin: »Hier in der Moskauer Universität interessieren sich die meisten Menschen für nichts. Neulich waren Platonow*-Lesungen; einige der besten Studentinnen haben gewissenhafte Referate vorbereitet. Aber bei ihnen kein Gefühl, daß es ihnen notwendig wäre. Sie machen es eben, hätten es aber genausogut lassen können. [Gespräch mit einem Ingenieur:] »Hat sich bei Ihnen im Amt etwas geändert in diesen zwei Jahren?« – »Gar nichts hat sich verändert. Es verändert sich nur bei denen, die auch wirklich auf eigene Rechnung arbeiten. Sonst überall das gleiche.«

22. April, morgens

Zwei Tage Rückschläge. Zunächst sehr schwere. Fieberträume. Das muß ich ausführlich aufschreiben. Mir

---

* Andrej Platonow (1899–1951). Epiker; jahrzehntelanges Publikationsverbot.

scheint, dieser Fiebertraum und mein Nervenzusammenbruch, obwohl nur ich es als Nervenkrampf bezeichne, charakterisieren etwas in meinem Zustand. Ich erwachte vor Schmerzen. Aber es war ein ganz besonderer Schmerz, als ob er unabhängig von mir wäre. Irgendwie neben mir, hinter meinem Rücken. Und es ist ein Schmerz, der gestapelt ist wie flache Kissen oder »Sauerstoffkissen«, einer auf dem anderen. Noch vor dem Einschlafen fühle ich, als ob mein ganzer Körper geschlagen wäre. Und nun kommt das Gefühl, es sei kein einfacher Schmerz, er kommt aus Tbilissi. Man schlägt mir mit kurzen Säbeln auf den Bauch; und von irgendwoher junge Georgier, und ich sage: »Ich kann doch nicht georgisch singen und beten.« Und sie sagen mir: »Tu es in der Sprache, in der du willst, ist ja gleich, Gott hört alles.« Und der Schmerz immer stärker und stärker. Ich verliere schon fast das Bewußtsein. Und rufe. Es dauert lange, ich bekomme das Schmerzmittel, und alles ist vorbei. Mascha sagte, es dauerte bis halb fünf morgens. Nach dem Erwachen schreckliche Müdigkeit. Ich ging nicht spazieren und war sehr traurig darüber, aber ich fühlte, daß ich nicht kann. Sie alle sagten, man hätte mir eine falsche Spritze gegeben, es gebe bei mir eine individuelle Aversion gegen dieses Medikament, anderen Menschen helfe es.

[Abends] Heute spazierte ich eine Stunde lang, wurde schrecklich müde, lag danach und habe mich etwas erholt.

27. April
Ich schreibe jetzt nichts mehr auf.* Ich liege, liege, kein Ende abzusehen. Schwäche. Jetzt noch diese verdammte

---

* Diese letzten Tagebuchnotizen sprach R. O. auf Tonbandkassette.

Chemie, Tabletten. Versuche, mich irgendwie davon abzulenken. Jeden Tag kommen Menschen. Mit ihnen die neuen Zeichen der Außenwelt. Gestern spazierte ich ein wenig mit Vera*. Sie sagte: »Ich will zu Kusnezow gehen und über Fradkin sprechen.** Man muß ihm jetzt in seinem letzten Lebensabschnitt die Fahrt in die BRD ermöglichen. Endlich das Problem mit der Goethe-Medaille lösen. Man hat ihn damals gezwungen abzusagen. Jetzt soll er dort Vorlesungen halten, Kollegen treffen. Das ist notwendig für ihn. Jetzt fahren alle. Er hat so viel getan und tut es noch immer.« Wir haben ihn bis jetzt noch nicht gesehen.

Es tauchen immer mehr Schatten aus der Vergangenheit auf. Die Energischeren brechen zu uns durch. Gestern kam der Filmregisseur Arkadij Ruderman, er hat bereits einen Film über Sinjawskij und Daniel gemacht. Es war ihm nicht mehr gelungen, Daniel zu sehen und zu filmen.***Jetzt will er möglichst viele Emigranten befragen: »Warum kehren Sie nicht zurück?« Ich kam für etwa zwanzig Minuten zu seinem Gespräch mit Lew, erzählte ihm auch etwas und fühlte dann, daß ich nicht mehr kann. Ich ging zu Bett, und es dauerte noch lange, lange, bis ich mich erholte. Wenn ich hier so liege und lese, besonders ein Buch wie das von Marija Belkina****, so lenkt mich das von allem ab. Manchmal auch der Fernseher. Heute kommen Elisabeth und

---

* Vera Kutejschtschikowa, eine der nächsten Freundinnen, Philologin, Hispanistin.
** Felix Kusnezow, Direktor des Gorkij-Instituts für Weltliteratur; Ilja Fradkin, Germanist; alter Freund von L. K.
*** Julij Daniel starb im Dezember 1988.
**** Skreschtschenie sudeb (Kreuzung der Schicksalswege); eine »biographie romancée« über die Dichterin Marina Zwetajewa. Moskau 1989.

Milan* geflogen, und ich kann nichts für sie machen. Vielleicht wird Lew sie begleiten. Sie bleiben nur zwei Tage. Anrufe aus Köln fast täglich. Man fragt, übergibt Grüße, Wünsche, zärtliche Worte. Heute muß ich noch einmal die Chemie ertragen.

28. April
Gestern war vielleicht der schwerste Tag. Schmerzen, Schmerzen, Übelkeit, Erbrechen, Fieber. Lew hat mich ein wenig kritisiert, zu Recht. Er sagte: »Du unterwirfst dich der Krankheit. Bei einer solch schrecklichen Krankheit ist das wichtigste nur, daß der Mensch über allem steht. Und du hast immer über allem gestanden.« Ich schimpfte mit mir über meine Zweifel und Schwankungen, aber sie waren doch da. Am Tage spazierte ich mit Irina Krejndlin**; sie wirkt so beruhigend, wie früher. Um acht kamen die Sacharows; sie blieben ein wenig mit mir. Ljusja*** ist weicher geworden. Lew sagte nachher: »Mit Sacharows war es so, als ob wir uns erst gestern verabschiedet hätten.« Bei mir war es doch anders, ich spürte irgendeine Spannung, vielleicht wegen meines Zustands. Dann gingen sie von mir, saßen mit L. noch lange im anderen Zimmer, tranken Tee. Es kamen Elisabeth und Milan. Milan war glücklich, Sacharow zu sehen. Elisabeth kam für einen Augenblick zu mir, heute kommt sie noch einmal vorbei. Abends wurde mir immer schlechter und schlechter. Mascha las mir Gedichte von Achmatowa vor, und das war sehr gut.

* Elisabeth Weber; Milan Horaček, tschechischer Emigrant, aktiver Grüner; Freund.
** Eine Moskauer Freundin
*** Jelena (Ljusja) Bonner-Sacharow

Es ist alles richtig, aber nur kein Tropfen Kraft mehr. Immer weniger Kräfte. Der Gedanke an die nächste Runde mit der Chemie erschreckt mich. Doch heute morgen um sieben Uhr erwachte ich vollständig gesund. Ich stand auf und dachte, ich werde jetzt alles selbst machen. Aber nein. Jetzt ist es schon fast neun, und ich fühle mich schlechter.

Die »Literaturka«* ist sechzig Jahre alt, mehrere Seiten gefüllt mit alten Artikeln aus diesen Jahrzehnten. Auf der ersten Seite: Juni 1929. »Gorkij mit uns« von D. Liberson. – Das waren damals Vaters Sternstunden. Aber zugleich waren es die Monate der schrecklichen Wende im Leben unseres Landes. Jetzt erst sieht man es ganz klar. In diesem Artikel verschlissene Worte, über Gorkij voll Enthusiasmus – damals schrieben alle so. Er hat selbst ziemlich leicht dafür gebüßt. Täglich ging er frühmorgens in die Druckerei, Mutter kochte ihm Grießgrütze. Doch Gott sei Dank gab es kein Lager, keine Verbannung. Und jetzt, kaum berührt man das, spürt man den grausamen Schrecken. Die »Literaturka« berichtet über Bokownja vor Kiew, dort gab es Erschießungen. Und noch vor anderthalb Jahren versuchte man, die Spuren zu verwischen. Man hatte eine Gedenktafel mit Lügen aufgerichtet: »Spuren deutsch-faschistischer Verbrechen«.

Gestern versuchte ich den Kindern zu erzählen, was ich damals dachte, wie wir all diese Jahre durchhalten konnten. Ich sprach von der »kleinen Güte« in der menschlichen Mikrogemeinschaft. Über die Verbindungen von Mensch zu Mensch, den Schulterschluß. Über alles, was uns Kraft gab.

* »Literaturnaja gaseta« (Literaturzeitung)

29. April, Karsamstag

Eine schlechte Nacht. Wieder Alptraum über Tbilissi, zum Teil wegen des gestrigen Fernsehens, obwohl ich nicht alles mitsah. Es war ein ungeheuerliches Verbrechen, und ich sah die Gesichter dieser jungen Leute und den Mann aus dem Innenministerium, der seine Augen versteckte und mit glatten und absolut leeren Phrasen zu ihnen redete:»Jawohl, wir streben es immer an, Menschenleben zu wahren, Rechte der Persönlichkeit usw. ...« Und die Frage war direkt: »Hätte man nicht ohne Blutvergießen Ordnung schaffen können?« – »Jawohl, wir streben das an, aber es gelingt nicht immer.« Ich habe kaum schlafen können.

30. April

Gestern war ein schwerer Tag. Spätnachmittags war es etwas leichter, nachdem die Temperatur gefallen war. Heute ist der letzte Tag der Chemie, aber ich will mich gar nicht darauf konzentrieren. Heute vormittag hat mir Ljonja Krejndlin* sehr geholfen, er appellierte an meine Willenskraft, er sagte, daß ich in Deutschland eine Willenstat vollbracht habe, und jetzt müsse ich meinen Willen im Kampf gegen die Krankheit anstrengen. Daß all die Medikamente zweit- und drittrangig seien – wovon auch ich überzeugt bin – und durch Begleiterscheinungen zur Last würden. Dagegen sei die Willensanstrengung, sich selbst aus der Krankheit herauszuziehen, absolut unersetzlich. Er sagte, ich müsse mich möglichst viel bewegen, alles, was ich bewegen kann: Hände, Beine, Füße, besonders den Daumen für das Herz, das Blut, man solle nichts anstauen lassen. Ununterbrochen klingelt das Telefon.

---

* Ein alter Freund, Ingenieur.

Die heutige Nacht war schlaflos, vielleicht, weil ich die Schlaftablette erbrochen habe. Nachts sagte ich mir Zahlenreihen vor, rief mir Gedichte in Erinnerung, Achmatowa, »Jewgenij Onegin«, habe mich an manches nicht mehr erinnern können. Jetzt gibt es kaum Hoffnungen, daß es bald besser geht. Heute fragte ich: »Worin besteht denn meine Krankheit? Warum liege ich schon drei Wochen lang?« Ljowa sagte mit merkwürdigen Worten: »Medikamentenvergiftung.« Nun vielleicht, vielleicht, ich weiß es nicht. Morgens versuchte ich selbst zu lesen, es fällt mir schwer...

Am 6. Mai wurde R. O. schon auf der Krankenbahre von Moskau nach Düsseldorf geflogen. Vom Flughafen kam sie direkt nach Köln ins Krankenhaus.

Der letzte Brief

An alle, die mich umsorgt haben.
An alle, die mich behandelt haben:
Anatolij Bruschtejn, Jewgenij Gerf, Berta Gorelik,
Jurij Krajman, Julij Krelin, Lew Schimeljowitsch

Ihr, meine Lieben,
ich mag diesen »Rundschreibenstil« gar nicht, aber für
persönliche Briefe reicht meine Kraft noch lange nicht.
Anatolij sagte beim Abschied zu mir, daß er mich hinaus-
boxe, damit ich so schnell wie möglich von der Medizin
des 18. Jahrhunderts zur Medizin des 20. Jahrhunderts
käme.

Ich will versuchen, Euch die ersten Tage dieses Über-
ganges zu schildern.

Der Flug war nicht so schwer, wie wir angenommen
hatten. Mühe machte nur das Akrobatenstück, aus der
Hängeliege in die Toilette zu kommen. Steffens* Anwesenheit freute mich sehr. Als sie mich aus dem Flugzeug
auf die Tragbahre trugen, zog es höllisch. (Mascha!
Ljowa hat sich dann auch noch erkältet). Ganz gewöhnliche Sanitäter, wie jene auch. Ein gewöhnlicher Krankenwagen, aber die Straßen! Nein, das nächste Mal
komme ich nicht ohne Autobahn im Gepäck.

Das Krankenhaus am Samstagabend menschenleer,
ein bißchen schubsten sie mich ... Da war mein großes
Zimmer und das bekannte, unglaublich bequeme Bett.
Im übrigen kam ich sofort in die Röntgenabteilung:
Vom Bett auf die Liege, dort machten sie Aufnahmen,
dann ging es zurück.

---

* Steffen Heinemann, Freund und Hausarzt, war nach Moskau
  geflogen, um R. O. nach Köln zu begleiten.

Während des ganzen Fluges hatte ich nichts trinken können, die zwei, drei Schlucke, die ich herunterzwang, taten sehr weh.

Sie hängten mich sofort an den Tropf, über den man alles bekommt: »Essen und Trinken«, Antibiotika, harntreibende Mittel, Schlafmittel und gestern außerdem noch viel frisches, rotes Blut. Ich fiel bald in Schlaf, und mit zwei kurzen Unterbrechungen ging das bis zum frühen Morgen. Neben mein Bett stellten sie einen weichen Krankenstuhl mit einem Loch in der Mitte, in das der Topf kam. Ljowa bekam ein Bett in dasselbe Zimmer.

Morgens kam Professor Klein mit zwei anderen Ärzten, von denen einer der Leiter der Hals-Nasen-Ohren-Abteilung war. Sie sahen mir alle in den Hals: Eine kleine Tracheitis, aber damit war nicht alles zu erklären, was mit mir passierte. Klein sagte, daß man zuerst die Ursache für den Entzündungsprozeß finden müßte und dann alles übrige. Und sie brachten mich zu einer Folter mit dem Namen Gastroskopie.

Übrigens gab es nur einen einzigen Arzt, der mir bislang begegnet ist, der absolut gleichgültig war. Er fand kein einziges menschliches Wort und kommandierte nur immer seine Assistentin: vor – zurück – vor – zurück. Sie machten eine örtliche Betäubung im Mund und führten nur einen dünnen Schlauch ein, die Anzeige erschien auf einem Zähler. Es stellte sich heraus, daß ich zwei Herde einer akuten Speiseröhrenentzündung mit Nekroseerscheinungen habe. Er sagte, daß er so etwas in seinem ganzen Leben noch nicht gesehen habe. Ich glaube, es erübrigt sich herumzurätseln, warum.

Hier bekam ich dann gleich Antibiotika und noch eine weißliche Flüssigkeit; ich muß sie in kleinen Schlückchen einnehmen, das lindert. Klein kam nach drei Uhr nachmittags noch einmal, er hatte Dienst im

Krankenhaus. Er sagte, daß jetzt vor allem die Entzündung behandelt werden müsse. Bei der ersten Visite hatte er verraten, daß Flüssigkeit im Gewebe sei und noch zwei bis zweieinhalb Liter abgelassen werden müßten, aber das alles später.

Noch einmal zum Ankunftsabend. Ljowa sagte, daß er für zwei Stunden nach Hause führe. Er konnte mich überhaupt nicht hören, wir schrieben einander.* Und ich fing an zu schreiben: »Ljowuschka, mir fällt der Wechsel von meinem menschenbevölkerten Planeten in die Eiswüste komfortabler Einsamkeit schwer.« Er schaffte es nicht, es zu lesen, und als ich die Augen aufschlug, saß Brigitte da. Die beiden** hatten uns am Flughafen getroffen, aber ihre Gesichter waren nur vorübergehuscht. Nun hatten sie schon Wachen eingeteilt: ab zehn Uhr morgens Irene, ab vier Uhr Elisabeth. Jetzt nutze ich unsere liebe Maria aus (die sich absolut nicht ausgenutzt fühlt! Anmerkung von M.***).

(Noch ein mystisches, nicht medizinisches Detail. In den ununterbrochenen Telefonwechsel Köln–Moskau, Köln–Kalifornien**** drang ein Anruf aus München ein. Es war Marija Belkina. Lew erzählte ihr, wie ich in den schweren Tagen ihr Buch gelesen habe. Sie will nach Köln kommen, hat das Buch für uns.)

Das Ausspeien war wie in Moskau, nur bekam ich statt der großen weißen Schüssel eine elegante Abflußrinne aus Metall. Man hat Euch das natürlich schon oft erzählt, aber auch ich erlebe nun wieder diesen Schock –

---

* R. O. hatte wegen der Entzündung vorübergehend die Stimme verloren.

** Brigitte Segschneider-Brückner und Karl-Heinz Korn

*** Maria Klassen; ihr diktierte R. O. diesen Brief.

**** Swetlana und Koma waren auf Dienstreise in den USA.

wie soll man es beschreiben: die Fürsorge, daß alles vorhanden, erreichbar, bequem und leicht für den Patienten ist. Es gibt ein kleines Schaltbrett, vor allem um die Schwester zu rufen. Auf eine Krankenschwester kommen gewöhnlich zehn Zimmer, das heißt zwanzig Patienten. Bisher habe ich nur freundlich lächelnde Schwestern erlebt, die bereit und fähig sind zu helfen. Den Nachtdienst macht Schwester Anni von den Philippinen.

Wegen des pausenlosen Spuckens konnte ich lange nicht einschlafen, schlummerte erst morgens ein bißchen.

Gerade war Professor Pichlmaier da, ihm fehlt noch etwas, er schickt mich zur Ultraschalluntersuchung und noch zu einer Röntgenaufnahme des Brustkorbs.

Das, meine Lieben, ist also mein erster Bericht.

Ljowa ist heute morgen mit 37,3 aufgewacht; er hat die ganze Nacht verzweifelt gehustet. Er sollte lieber mal zwei Tage zu Hause liegen bleiben, aber wie kriegt man ihn dazu.

Ich öffne die Augen und sehe mein Krankenzimmer, das Kreuz an der Wand. Ich schließe die Augen und sehe Eure lieben Gesichter.

Köln, 8. Mai 1989   Eure Raja

Teil II

Sie lebt in uns

Am 31. Mai 1989 ist Raja gestorben. Sie lebt in unseren Herzen, in unseren Gedanken. Wir glauben fest: Sie wird – so wie sie uns und allen ihren Nächsten immer geholfen hat – uns und noch vielen Menschen, ihren Freunden, ihren Lesern, auch weiterhin helfen, dem Bösen, den Lügen zu widerstehen, der Wahrheit, der Freundschaft treu zu bleiben und niemals zu zögern, Gutes zu tun.

Wir danken herzlich Dr. Steffen Heinemann, Professor Heinz Pichlmaier, Professor H. O. Klein, Dr. Martin Friedrichs, den Ärzten, der Schwester Florama und allen anderen Schwestern und Pflegern der Ebene 16 B/C der Universitätsklinik für ihre stete, unermüdliche Hilfsbereitschaft und aufrichtige Freundlichkeit.

Swetlana Iwanowa (Orlowa), Marija Orlowa,
Marina Kostenko (Orlowa), Irene Kawohl, Mechtildis Roth,
Brigitte Segschneider-Brückner, Elisabeth Weber,
Karl-Heinz Korn, Lew Kopelew

Am Donnerstag, dem 8. Juni 1989, nahmen wir letzten Abschied im Kölner Krematorium.

Es kamen Freunde aus Köln, München, Hamburg, Frankfurt, Berlin, Paris, London und anderen Orten. Es sprachen Carola Stern, Klaus Bednarz und Cronid Ljubarskij. Wolf Biermann sang zwei Lieder, die Raja besonders geliebt hat: »... ich bleib immer die ausm Osten«, »Und als wir ans Ufer kamen«.

> Und was wird mit unsern Freunden
> Und was noch aus dir, aus mir –
> Ich möchte am liebsten weg sein
> Und bleibe am liebsten hier

Carola Stern

Leidenschaftliche jugendliche Besessenheit

Lieber Lew, liebe Töchter, liebe Freunde,
Abschied von Raissa nehmend, spüren wir, daß wir
ärmer waren, bevor wir ihr begegneten; wie sie uns
reich gemacht hat über ihren Tod hinaus. Ich zum Beispiel wußte nichts von Schwesternliebe, bevor dies zärtliche Gefühl als Ausdruck einer Wahlverwandtschaft
mit Raissa in mir wuchs. Ein wenig scheu habe ich sie
verehrt, geliebt wie eine ältere Schwester. Und war es
denn nicht für uns alle faszinierend, an ihrem Beispiel
zu erleben, wie die schroffsten Gegensätze sich zu einer
Einheit formten und in Harmonie verbinden?
    In Raissa verbanden sich Vernunft, Verstandesschärfe
mit Leidenschaft und Phantasie. Güte fand ihren Ausdruck zuweilen in burschikoser Ironie. Unsere Freundin war aufsässig und zugleich zärtlich, nüchtern bis zur
Sprödigkeit und zugleich warmherzig und hilfsbereit.
Sie konnte sehr parteilich sein und war doch tolerant.
Raissa trug nicht vernarbende Wunden und erhielt sich
dennoch Neugier auf das Leben und das helle Himmels-
blau der Linsen. Ihre Souveränität entstand aus Wissen,
Bildung und Erfahrung, ihre Würde aus Leidensfähig-
keit und Trauer. In Gesten, Blicken, Formulierungen
konnte sie Distanz ausdrücken und war doch gleichzeitig so freundschaftsbegabt, so freundschaftsabhängig wie
nur wenige von uns.
    Anfangs, als ich sie kennenlernte, forderte sie zwei-
fach meine Solidarität heraus: Als Lews Ehefrau, mit
ihm zusammen alt geworden und verstoßen, abge-

169

schnitten von der Familie, Freunden, dem Zuhause, aber im Gegensatz zu ihm in ein Land verschlagen, dessen Sprache sie nicht sprach, dessen »Ordnung« sie nicht kannte: »hilflos, stumm und taub«.

Und zugleich galt meine solidarische Verbundenheit der Kollegin aus der gleichen Generation und internationalen Zunft berufstätiger, schreibender, emanzipierter Frauen eines ganz speziellen Typs, zu dem wir beide wohl gehören: es sind die altmodisch fleißigen Frauenzimmer, streng gegen sich und andere, pflichtversessen, intelligent und klug.

Raissa Orlowa-Kopelew, russische Amerikanistin, Schriftstellerin und Redakteurin, lebt in unserer Erinnerung fort am Schreibtisch, an der Schreibmaschine, Wörter wägend, Sätze zimmernd, wandert durch Moskauer und Kölner, New Yorker und Pariser Redaktionen, liefert Manuskripte ab, redigiert und lektoriert, spricht auf Schriftsteller-Versammlungen, liest aus ihren Büchern und erlebt seligmachende Entdeckerfreuden: Da, Lew, da ist ein Neuer, der etwas zu sagen hat, und da ist ein Unbekannter, ein Verkannter, den es vor dem Vergessenwerden zu bewahren gilt.

Raissa, die Kollegin, beeindruckte durch schier unglaubliche Belesenheit, Sensibilität und Urteilskraft. Sie verstand zu differenzieren, die verschiedenen Seiten eines Gegenstandes zu betrachten, sie wog ab, sie regte an, aber am glücklichsten ist sie gewesen, wenn sich ihre Begeisterung für einen Autor auf andere Menschen übertrug.

Lieber Lew, ich scheue mich, an Deinen tiefsten Schmerz zu rühren, und so will ich nur das Eine sagen: Von Deinem Glück mit Raissa, von Raissas Glück mit Dir fiel auch für uns, die Freunde, noch ein Stückchen

ab. Umgeben von so vielen Menschen, Nachbarn oder
auch Bekannten, die sich streiten, auseinanderleben,
trennen, schauen wir auf Eure Ehe wie auf einen
»ewgen Brautstand« miteinander und wünschen uns,
Euch nachzueifern in gegenseitiger Fürsorge, Zärtlichkeit und tiefer Liebe. Es rührte uns, wie wichtig Raissa
nahm, eine gute Ehefrau zu sein; es bewegt uns Deine
Dankbarkeit an sie. Wir bewunderten an Euch, wie Ihr
Selbständigkeit des Denkens und des Urteils mit der
Fähigkeit verbunden habt, unabdingbar füreinander
dazusein. Selten begegnet man so unabhängigen voneinander Abhängigen wie Euch.

Lews und Raissas Liebe zueinander rührt an meinen
Gotteszweifel. Könnte es ihn wirklich geben, diesen lieben, guten Gott, der diese zwei zusammenfügte und so
glücklich miteinander machte? Wie soll man es denn
sonst erkären?

Obgleich doch Raissa älter war als viele ihrer Freunde
hier, übertraf sie uns fast alle an leidenschaftlicher,
jugendlicher Besessenheit. Im vorigen Jahr reisten
wir gemeinsam zu einer Lesung nach Saarbrücken. Und
obgleich meine patriotischen Gefühle im Vergleich zu
ihren sehr verkümmert sind – uns dem Moselufer nä-
hernd, regte sich bei mir gewisser Stolz, ein Stückchen
Heimatliebe. Eben dort mit unserem Zug nun ange-
langt, begann ich, verzückt wie immer angesichts des
Flusses: Sieh mal, Raissa! Schön, nicht wahr? Raissa sah
kurz auf, sagte hm, und setzte ihr Studium der Iswestija
fort. Gewiß, die Wolken hingen tief, und die Weinberge
waren auch noch kahl. Aber ich kenne Geschichten von
der Mosel, weiß auch über Moselfahrt aus Liebeskum-
mer zu berichten, und als ich damit anfangen wollte,
richtete sich meine große Schwester plötzlich auf und
fragte mit erhobener Stimme: Carola, weißt Du von

den neuen Kafka-Übersetzungen in Moskau? Hast du gelesen, daß sowjetische Arbeiter beschlossen haben, Bucharin zu studieren? Und, das wollte ich doch schon immer fragen, wie kam Brandt mit Breschnew aus? Als wir uns im Taxi der barocken Ludwigskirche näherten, referierte Raissa über eine georgische Regisseurin und eine kirgisische Übersetzerin von Brecht.

In ihrer Intensität und Leidenschaft, in ihrer Besessenheit, mit der sie Anteil nahm, wirkte Raissa wie eine Zwanzigjährige auf mich; im Herzen jene Zeilen Boris Pasternaks, die sie als Motto vor eines ihrer Bücher stellte:

> Nicht die Erschütterungen und Umsturzwenden
> Fegen den Weg für neues Leben frei;
> Nein, Offenbaren, Stürmen und Verschwenden
> Entflammter Seele, wessen sie auch sei.

Raissas Patriotismus! Er war ganz frei von Muffigkeit, Provinzialität und jenem Fremdenhaß, den sie hier schon zu Beginn der achtziger Jahre spürte. In ihrem ersten hier erschienenen Buch drückt sie verhalten Verwunderung aus, wie viele Ausbrüche des Hasses gegen Ausländer, Zugereiste, die Asylbewerber schweigend hingenommen werden.

Raissas Patriotismus erwuchs auch noch mit siebzig in fast kindlich zu nennender Liebe zu ihrer Vaterstadt, zu der Straße und dem Haus, in dem sie aufgewachsen ist, zu der Familie und den alten Freunden. Politisch mag er sich in ihren letzten Lebensjahren, und sei es nur für Augenblicke, mit dem Traum verbunden haben, da, wo die Oktoberrevolution einst siegte, könnte nach Irrtümern, Umwegen und Verbrechen schließlich doch noch ein weithin überzeugender sozialistischer Staat entstehen.

Zum Inhalt ihres Lebens gehörte die Solidarität mit den Verfolgten, mit den Bürgerrechtlern der UdSSR und Osteuropas, den Schwarzen in Südafrika, den Gefolterten im Iran, den Verschwundenen in Lateinamerika. Lebenslang erhielt sie sich den Glauben an den Internationalismus, das Gemeinsame der Menschen; denn in der Moskauer Intellektuellen Raissa Orlowa-Kopelew wirkte der Menschheitstraum der Arbeiterbewegung des 19. Jahrhunderts fort.

Vor drei Jahren schrieb sie die letzten Zeilen ihrer »Briefe aus Köln über Bücher aus Moskau« im Zimmer eines Kölner Krankenhauses: »Ich empfinde Schmerz, ich bin von Schmerz umgeben ... Wieder und wieder lese ich die geliebten Verse von Anna Achmatowa:

> Gold rostet; Stahl verwest,
> Marmor zerbröckelt; alles ist des Todes.
> Am haltbarsten auf Erden ist die Trauer
> Am dauerhaftesten des Wortes Majestät.

Klaus Bednarz

Russische Patriotin und Weltbürgerin

Lieber Lew, dorogaja Sweta, dorogaja Mascha, dorogaja Marina, liebe Freunde,
»Wsjo choroscho« – »es geht mir gut« – das waren Rajas letzte Worte.

Nein, Raja, klagen war Deine Sache nicht. Nicht in Deiner schwersten letzten Stunde, nicht in den vielen anderen schweren Stunden, Tagen und Jahren – den Jahren der persönlichen Schicksalsschläge, der Verfolgung, der Unfreiheit, des Exils.

Der zentrale Begriff Deines Lebens war die »sabota«, die »Sorge um andere«. Die Sorge um Deinen Mann, Deine Töchter, Deine Familie; vor allem aber die Sorge um die, die noch hilfloser und hilfebedürftiger waren als ihr selbst.

In einer Erzählung Deines geliebten Dichters Anton Tschechow heißt es: »An der Tür eines jeden zufriedenen, glücklichen Menschen müßte jemand mit einem Hämmerchen stehen und ständig mit seinem Klopfen daran erinnern, daß es Unglückliche gibt, daß das Leben, so glücklich es auch sein mag, ihm früher oder später seine Krallen zeigen wird, und auch ihn das Unglück treffen wird – Krankheit, Armut, Verluste ... «

Am Ende eines Briefes, den Du an Deinem 50. Geburtstag an Deine Angehörigen und Freunde schriebst, hast Du diesen Satz Anton Tschechows zu Deinem eigenen gemacht: »Das Klopfen des kleinen Hämmerchens«, so schreibst Du, »das jeden glücklichen Menschen daran erinnern soll, daß es Unglückliche gibt, habe ich erst spät vernommen. Aber jetzt erschallt es mir wie eine Sturmglocke. Ich bete zu Gott, daß mir noch Kräfte, Mut und Zeit bleiben, um die Schulden zu begleichen.« Es waren noch 20 Jahre, die Dir blieben.

Wenn einst die Geschichte des freien russischen Wortes, die Literatur- und Geistesgeschichte des anderen, sich der Menschenverachtung des Systems widersetzenden Rußland der sechziger und siebziger Jahre unseres Jahrhunderts geschrieben wird, wird Deine Küche in der Krasnoarmejskaja einen besonderen Platz einnehmen. Sie war die geistige Drehscheibe Moskaus. Hier trafen sich Freunde und Verwandte, Schriftsteller und

Journalisten, Maler und Schauspieler, Besucher aus allen Teilen der Sowjetunion und aus dem Ausland. »Swoi ljudi« – wie es auf russisch heißt, »unsere Leute« – das Wort für alle, die dazugehören, denen man vertraut. Hier in Deiner Küche wurden Appelle und Manifeste verfaßt, verbotene Texte vervielfältigt, verbotene Gedichte gelesen und verbotene Lieder gesungen. Auf dem Herd summte ständig der Teekessel, und auf dem kleinen Tisch standen Käse und Suchariki, kleine Stückchen getrockneten Brotes. Doch war diese Küche mehr als nur ein literarischer Ort. Sie war – vergleichbar der Wohnung Andrej Sacharows – Anlaufstelle und Zufluchtspunkt für alle Nichtangepaßten, Nichtresignierten, Nichtkorrumpierten; für diejenigen, deren Angehörige in Lagern und Gefängnissen saßen, und für unzählige, gerade aus Lagern und Gefängnissen Entlassene. Kurz, ein Ort für alle, die – wie es Lew einmal formuliert hat – nicht bereit waren, in »friedlicher Koexistenz mit einer Lüge oder einem Unrecht« zu leben.

Bei all dem ging von Dir eine große Ruhe aus – ein allumfassendes Harmoniebedürfnis. Selbst den politischen Gegner zu hassen, warst Du unfähig. Deine Worte konnten wie Pfeile sein, spitz und mit traumwandlerischer Sicherheit ihr Ziel findend. Doch es waren nie vergiftete Pfeile. Du warst keine Aufrührerin, Du standst nicht auf der Barrikade, sondern hinter der Barrikade. Du hast die Kämpfenden mit Munition versorgt und die Verwundeten gepflegt.

In der Überzeugung, daß Feindbilder letztlich aus Unwissenheit entstehen, hast Du beharrlich auf die aufklärende Kraft des Wortes gesetzt.

In der Zeit der erbittertsten politischen Konfrontation der Supermächte bist Du als Russin nicht müde geworden, die Literatur des Klassenfeindes zu propagieren, immer wieder die Namen in der Sowjetunion so gut wie unbekannter amerikanischer Schriftsteller zu nennen, ihre Werke zu übersetzen, ihr Leben zu beschreiben: Ernest Hemingway, Lilian Hellman, Arthur Miller, William Faulkner waren nur einige von ihnen.

Das Land Deiner letzten Jahre war nicht das Land Deiner Träume. Du bist Deinem Mann gefolgt, nicht unähnlich jenen großen Frauen der russischen Geschichte, die einst ihren Männern in die Verbannung nach Sibirien folgten. Denn Du, das weiß ich aus unserem letzten Gespräch vor der Abreise, wußtest, daß es ein Abschied für lange, wenn nicht für immer sein wird. Ein Abschied von der Familie, der Heimat, der alltäglichen Geborgenheit in der vertrauten Sprache. Deine schlichte Begründung lautete: »Lew kann hier nicht mehr leben.«

Exil, so hast Du einmal gesagt, bedeutet immer Unglück. Doch zugleich hast Du ein altes russisches Sprichwort zitiert: »Net chuda bes dobra.« – »Es gibt nichts Schlimmes, das nicht auch sein Gutes hat.«

Und so hast Du – in allem Leid – das Exil auch als Chance und Verpflichtung begriffen. Als Chance, nun von hier aus Feindbilder abzutragen, Brücken zu bauen; Zeugnis abzulegen, von Deiner Heimat zu berichten, Türen zu suchen, welche die getrennten Welten verbinden – die Welten der Russen und Deutschen.

Wie einst in Moskau wird jetzt Eure Küche in Köln zum literarischen Salon; zu einem Ort, an dem Hilfe gesucht wird und von dem Hilfe ausgeht. Die Brücke, die Du und Lew in Moskau zu bauen begannen, wird nun von der anderen Seite her weitergebaut. »Wem muß man helfen?« ist noch immer Eure erste Frage. Wie in Moskau werden auch hier noch Päckchen und Pakete mit Medikamenten für die Gefangenen in sibirischen

Lagern und Gefängnissen gepackt, werden Appelle gegen die politische Unterdrückung in Eurem Heimatland und in anderen Ländern verfaßt, werden Namen Verfolgter und Gefangener genannt. Und mit dem gleichen Engagement, mit dem Ihr in Moskau für die unbekannten Dichter des Westens eintratet, kämpft Ihr nun gegen unsere Unwissenheit um die Dichter Rußlands, die Menschen Rußlands.

In einem Brief an Heinrich Böll, den Du fast auf den Tag genau vor zehn Jahren aus Moskau schriebst, heißt es: »Ich schäme mich, daß ich nicht Deutsch gelernt habe. Und kann Böll nicht im Original lesen. Jetzt ist es schon zu spät. Der bittere Geschmack von ›zu spät‹ begleitet jetzt unvermeidlich viele Gedanken, Einfälle, Bestrebungen, Pläne ... Nur lieben ist niemals zu spät.« Nein, Raja, es war nicht zu spät. Du hast unsere Sprache gelernt, und nicht selten hast Du Dich in ihr treffender ausgedrückt, als wir selbst es vermögen.

Nein, Raja, Dein Emigrantenschicksal war anders als das vieler Leidensgefährten. Deine Glocke, um es mit Alexander Herzen zu sagen, verstummte nicht. Sie klang heller und erreichte – »net chuda bes dobra« – mehr Menschen als je zuvor.

Oft Raja, habe ich mich gefragt, woher Du die Kraft nahmst – abgeschnitten von der Heimat, den Kindern und Enkeln, in einem fremden Land, umgeben – zumindest anfangs – von einer fremden Sprache.

Es waren, so glaube ich, zwei Quellen, aus denen sich Deine Kraft speiste: Die erste war Deine Liebe zu Lew. Du hast, so schreibst Du an Deinem 50. Geburtstag, Deine »andere Hälfte gefunden – das große und seltene Glück der Liebe«. Je älter Ihr wurdet, je ähnlicher wurdet Ihr Philemon und Baucis, jenem legendären Paar der Antike, jenem Symbol des glücklichen miteinander

Altwerdens. Jeder ein eigener und dennoch die Hälfte des anderen.

Der andere Quell Deiner Kraft war die Literatur. Wohl kein anderes Volk liebt seine Dichter so wie das russische. Die Rolle der Dichter in Rußland geht weit über die Literatur hinaus. In Vergangenheit wie Gegenwart erfüllten sie die Rolle des Predigers und des Richters, des Philosophen und des Historikers. Sie gelten, ganz ohne Scheu vor dem großen Wort sei es gesagt, als das Gewissen der Nation. In Zeiten der Unterdrückung und Verfolgung galten Gedichte in Rußland immer als eine Art von Geheimsprache. Einige Zeilen von Lieblingsdichtern – und Gleichgesinnte erkannten sich.

Du Raja, kanntest unendliche viele Gedichte – und unter den lebenden Dichtern Deines Landes fast alle.

Doch Deine Liebe galt nicht nur der Literatur *Deines* Landes, sondern der aller Völker. Du warst russische Patriotin und Weltbürgerin zugleich.

Als man Dir das Recht nahm, in Deiner Heimat zu leben, hast Du Dein Rußland mit Dir fortgetragen und uns mit ihm vertrauter gemacht.

Die Tragödie Deiner späten Jahre war, daß Du nur noch einmal erleben konntest, wie all das, was Ihr einst in Eurer Moskauer Küche nur zu flüstern wagtet, nun auf den Straßen dieser Stadt laut gesprochen, ja sogar geschrien wird.

Du hast die Welt bereist und viele verschiedene Länder gesehen. Aber, so schriebst du am Ende: »Für mich ist Rußland das beste von allen.«

In Deinen letzten Stunden, so hattest Du es gewünscht, las Lew Dir aus den Erzählungen des großen russischen Dichters des vergangenen Jahrhunderts, Iwan Turgenew. Und neben Deinem Bett lagen zwei Bände der Gedichte Anna Achmatowas. Darunter Dein Lieblingsgedicht »Rodnaja semlja« (»Heimaterde«):

178

In Amuletten tragen wir sie nicht,
In Versen werden wir sie nicht beweinen,
Sie tastet nicht am bittren Traumgesicht,
Als Paradies will sie uns nicht erscheinen;
In unserm Herzen machen wir aus ihr
Nicht ein Verkaufsobjekt zum Spekulieren,
Wenn wir auf ihr vor Not vergehen schier,
Kann das Gedächtnis sie sogar verlieren.
   Ja, für uns ist es Schmutz an den Schuhen,
   Ist es Staub, der im Munde knirscht.
   Und wir lassen die Erde nicht ruhen,
   Die doch nirgends sich eingemischt.
Doch weil wir uns in sie legen und sie werden,
Nennen wir sie so leicht: unsere Erde.*

Du wirst in russischer Erde ruhen. Do swidanija, Raja.

Cronid Ljubarskij

Sie hat Rußland nie verlassen

Ich will russisch sprechen, damit Raissa Orlowa die Sprache des Landes hört, in dem sie geboren wurde und für
das sie lebte.

Ich danke unseren deutschen Freunden, die hier über
sie so schöne und warme Worte gesprochen haben.
Beim Anblick dieses Saales sehe ich, wie viele Freunde
Raissa Orlowa hatte. Kein Wunder, ihr Herz war immer

---

* Nachdichtung von Kay Borowsky; die beiden letzten Zeilen von
  Rainer Kirsch.

offen für alle Menschen, für alle Völker. Sie hat viele Menschen geliebt, und deswegen liebten viele Menschen sie.

Hätte diese traurige Veranstaltung nicht in Köln, sondern in Moskau stattgefunden, dann wären noch mehr Menschen gekommen, um von Raissa Orlowa Abschied zu nehmen, dieser Saal hätte sie alle nicht fassen können. Überall, unter allen Umständen gehörte ihr Herz eben Rußland. Dort blieb der größte Teil ihrer Seele. Für Rußland lebte und arbeitete sie. Andere Völker lieben und verstehen kann man nur, wenn man das eigene Volk liebt und versteht.

Aber diese letzte Freude, ihre alten treuen Freunde, mit denen sie den größten Teil ihres Lebens verbrachte, um sich zu sehen, war Raissa Orlowa nicht vergönnt. Was das bedeutet, begreift man in Deutschland leichter als in irgendeinem anderen Land. Denn auch die Deutschen haben es erlebt, als so viele bedeutende Landeskinder aus ihrer Heimat vertrieben wurden; sie verließen die Heimat physisch, aber ihre Seele blieb da.

In Deutschland war es so. Bei uns leider bleibt es heute noch so. Wollen wir hoffen, daß es morgen anders wird.

Die Behörden, die Raissa Orlowa aus ihrem Lande vertrieben haben, wollten sie bestrafen – bestrafen für freies Denken, für Unbotmäßigkeit. Doch bestraft haben sie nur das Land selbst, dem sie Raissa Orlowa, ihre begeisterte Arbeit genommen haben, ihre seelische Wärme, wovon alles erfüllt war, was sie tat.

Dennoch, wenn man genauer nachdenkt, ist es den Behörden letztlich doch nicht gelungen! Denn Raissa Orlowa hat Rußland eigentlich nie verlassen. Ihre Bücher, ihre Artikel wurden auch dort gelesen, nie haben ihre lebendigen Verbindungen mit dem Land, ihre Zusammenarbeit mit den Freunden aufgehört.

Raissa Orlowa blieb stets und immer viel mehr eine Bürgerin ihres Landes als diejenigen, die sie vertrieben haben.

Einen solchen Menschen kann man nicht vertreiben. Solch ein Mensch kann auch nicht sterben, solange das weiterlebt, wofür er gelebt und gearbeitet hat.

Nachrufe

Harry Pross

Und dir wird leicht ums Herz

Wir waren vor dieser letzten, mit Zweifeln erwarteten Moskaureise von Raissa und Lew Kopelew übereingekommen, daß sie im Sommer über Anna Achmatowa sprechen sollte. Diese Dichterin war ihre große Liebe. Sie wollte für sie werben, sie dem deutschen Sprachgebiet näherbringen, wie Raissa Orlowa immer geworben hat für das, was ihr am Herzen lag. Nun werden wir ihre warme Stimme nicht mehr hören. Sie kam aus der Fülle, und sie bewirtete alle, die kamen, mit ihrem großen Wissen aus der amerikanischen Literatur, die ihr akademisches Fach war, aus der deutschen, die ihr durch den Germanisten Lew, ihren Mann, zugewachsen war, aber immer wieder aus der neuen russischen, zu der sie als Essayistin beitrug. [...]

62jährig bei der Ausbürgerung, lebte sie sich schwer ein. Man kann es in den Büchern nachlesen, die sie in deutscher Sprache veröffentlicht hat, allesamt Dokumente großer Anhänglichkeit an die russisch-jüdische Heimat und wacher Aufmerksamkeit für die neugewonnene Freiheit. Sie blieb dabei: »Die Heimat ist dort, wo die Heimat ist.«

Die Freude an den »Privilegien«, die ihr im Westen zuwuchsen, war immer beschattet, weil sie nicht teilbar waren mit Kindern und Enkeln und Freunden daheim, kaum mitteilbar. Andererseits erfaßte sie Ungeduld, wenn man hier auf ihre russischen Entdeckungen nicht rasch genug reagierte, oder wenn sie keinen Verleger fand, etwa für die philosophischen Schriften von Lidija Ginsburg über das Altern und den Tod.

Von dieser Schriftstellerin war schon die Rede, als ich die Kopelews vor mehr als zwanzig Jahren in ihrer schmalen Moskauer Wohnung besuchte. Dort machte sie ihre Küche zu einem Forum der freien Rede, trotz der Lauscher an und in der Wand. Hier, wo jeder sagen und schreiben kann, was er will, und niemand interessiert sich dafür, wurde Raissa Orlowas Gegenwart zu einem ordnenden Mittelpunkt. Sie hat in einem Sammelband, »Meine Mutter« (Econ-Verlag), ein Gedenkblatt an ihre Mama hinterlassen: »Teile, und dir wird leicht ums Herz...« Das war auch Raissas Maxime. Von ihrer Mutter hat sie geschrieben: »In Mama lebte der Geist des Hauses.«

In Raja lebte der Geist einer unsichtbaren Gemeinde, zu der so bedeutende Köpfe wie Alexander Herzen, Anna Achmatowa, Heinrich Böll, Andrej Sacharow und viele andere gehörten, im Osten und im Westen, heute und gestern. Lew Kopelew arbeitet in Wuppertal an einem Projekt deutsch-russischer Fremdbilder. Raissa Orlowa hat viel dazu getan, Deutschen die Russen und Russen die Deutschen verständlicher zu machen. Ihren Freunden bleibt sie gegenwärtig.

(St. Galler Tagblatt vom 3. Juni 1989)

Gütige, lebensfrohe Energie

[...] Ihr Tod war nicht überraschend; zwei Jahre lang kämpfte sie heldenhaft mit einer unheilbaren Krankheit, dennoch war ihr Tod für uns ein unerwartet schwerer Schlag.

Von ihr ging eine unbändig gütige, lebensfrohe Energie aus. Es ist sehr schwer, beinahe unmöglich, sich vorzustellen, daß sie nicht mehr da ist. Freundliche Teilnahme am Leben ihrer Angehörigen, ihrer Freunde, bekannter und kaum bekannter Menschen war für Raissa Orlowa ein natürliches Bedürfnis. [...] Als man ihr die sowjetische Staatsbürgerschaft aberkannte, wurden alle ihre menschlichen Verbindungen abgeschnitten, alle Kontakte mit der Heimat erschwert. Raissa hat diese Prüfungen mutig überstanden, sie verbitterte nicht, schloß sich nicht ein in ihrem Leid; in kurzer Zeit erlernte sie die deutsche Sprache soweit, daß sie sich nicht nur mit Kollegen verständigen konnte, sondern auch öffentliche Vorlesungen hielt und im Rundfunk und Fernsehen sprach.

Sie hat es verstanden, den Menschen im Westen über das sowjetische Leben zu erzählen. Ihr Buch »Die Türen öffnen sich langsam« war mehrere Monate lang in den deutschen Bestsellerlisten.

Das ganze Leben von Raissa Orlowa war durch die Liebe zur Literatur geprägt. Im März dieses Jahres beantwortete sie die Fragen der Monatsschrift »Inostrannaja literatura«: »Verfolgen Sie das literarische Leben in der UdSSR?« »Welche der neuesten Veröffentlichungen haben Ihre Aufmerksamkeit erregt?« Raissa antwortete darauf. »›Verfolgen‹ und ›Aufmerksamkeit erregen‹ sind ganz und gar unpassende Worte. Ich lebe, ich atme, ich existiere von dem, was ich lese.« Sie las begierig Bücher und Zeitschriften in vier Sprachen. Sie korrespondierte mit Autoren, sie schrieb Artikel, Essays, Rezensionen, sie übersetzte. Dank ihres Buches »Briefe aus Köln über Bücher aus Moskau« (1987) haben deutsche Leser von vielen wichtigen Erscheinungen russischer Literatur erfahren. Sie sah ihre Lebensaufgabe darin, die Menschen und Kulturen von Amerika, Deutschland und ihrem Heimatland miteinander zu verbinden.

In den Jahren des Tauwetters hat Raissa Orlowa, ebenso wie viele von ihrer Generation, die Enttäuschung in ihren Jugendidealen erlebt und verband nun ihr Leben mit der aufkommenden demokratischen Bewegung.

Sie hat aktiv an der Verteidigung des verhafteten Iossif Brodskij und an den Protesten der Schriftsteller gegen den Schauprozeß über Sinjawskij und Daniel teilgenommen, sie half vielen Verfolgten. Selbstlos machte sie mit, wenn Geld und Kleidung für die politischen Häftlinge gesammelt wurden, an den inoffiziellen »Wohnzimmer-Seminaren«, am Versand von Manuskripten und Büchern ins Ausland, sie half Protestbriefe zu verfassen und der Welt über die Ereignisse in der UdSSR zu berichten. Es ist keine Übertreibung, wenn wir sagen, daß sie auch zu den jetzigen Erfolgen der Glasnost beigetragen hat.

In den letzten Lebensmonaten hat sie ein großes Glück erfahren, sie war in Moskau, sie sah die vertrauten Orte, umarmte ihre Angehörigen; sie verspürte, wie sie daheim geliebt wird, wie man sie braucht, wie notwendig ihre Tätigkeit immer gewesen ist.

Wir alle sind dem Schicksal dankbar, daß wir mit Raissa Dawydowna Orlowa zusammensein und aus die-

ser unerschöpflichen Quelle von Energie, leidenschaftlichem Lebenswillen und Freundschaft schöpfen konnten.

Wassilij und Maja Axjonow; Sara, Alexander, Marija und
Marina Babjonyschew; Efim, Jekaterina und Marija Etkind;
Sergej Genkin; Sinaida Grigorenko; Alexander Jessenin-
Wolpin; Dina Kaminskaja; Sergej, Iwan und Tatjana Kowaljow;
Naum Korshawin; Irina Kristi; Maja, Pawel und Lara
Litwinow; Marija Petrenko-Podjapolskaja; Natalja
Pokrowskaja; Sonja und Mischa Schiller; Boris Schragin;
Alexej und Lisa Semjonow; Konstantin Simis
(Nowoje Russkoje Slowo – New York, 4. Juni 1989)

Katrin Meier-Rust

Eine Streiterin für Literatur

[...] Raissa Orlowa hat ihr Leben in einer ungewöhnlichen Autobiographie weniger beschrieben als sozusagen in reuevoller Erinnerung aufgearbeitet. 1918 in Moskau geboren, hatte sie ihr ganzes Leben bis zum Exil mit
nur kurzen Unterbrechungen in dieser Stadt verbracht,
sogar in derselben Wohnung, in der man je nach familiä-
ren Veränderungen wie Heiraten und Geburten jeweils
von einem Zimmer ins andere umzog.

  Ihre jugendliche Blindheit für das Stalinsche Terror-
und Klassenregime vor allem in den Jahren nach dem
Krieg hat sich Raissa Orlowa nicht vergeben können,
um so heftiger war dann ihr Verlangen, der Wahrheit
und der Gerechtigkeit in ihrem Lande zum Durchbruch

zu verhelfen. Mit entsprechendem verventem Interesse und Engagement hat sie die Fortschritte der Perestrojka begleitet.

In zahlreichen öffentlichen Auftritten hat Raissa Orlowa im Westen ihre tiefe Verbundenheit mit Rußland bekundet, indem sie mehr von Schriftstellern und Büchern erzählte als von Politikern, indem sie, auch durchaus streitbar und gegen Vereinnahmungsversuche von der falschen Seite, immer auf dem Unterschied zwischen dem System, das sie bekämpfte, und der Heimat, die sie liebte, bestand und auf der Zugehörigkeit Rußlands zur europäischen Kultur. Denn obwohl sie sich ihrem Gastland mit Neugierde und Dankbarkeit näherte – immerhin lernte sie in fortgeschrittenem Alter noch gut Deutsch und hat ein Buch über ihre Erfahrungen als Ausländerin in der Bundesrepublik geschrieben (»Die Türen öffnen sich langsam«), das ein Bestseller wurde –, ihre größte Liebe galt der russischen Literatur. Und soviel sie las (sie war eine rastlose, Zeitungen, Zeitschriften und Bücher verschlingende Leserin), sie kehrte doch immer wieder zu ihren Lieblingsautoren zurück: zu Alexander Herzen, über dessen letztes Lebensjahr sie ein eigenes kleines Buch verfaßte, und vor allem zu Lew Tolstoj. Dutzende Male habe sie »Krieg und Frieden« gelesen, sagte sie auf dem Krankenbette mit diesem Buch in der Hand, und immer wieder Neues, frische Gedanken und unbemerkte Schönheiten darin entdeckt. [...]

(Neue Zürcher Zeitung vom 7. Juni 1989)

186

René Drommert

Ergreifende Ehrlichkeit

Sie war eine hellwache Vermittlerin. Sie war auf vielen
Gebieten eine Expertin für russische, amerikanische
und deutsche Kultur, sie, die am 31. Mai 1989 im Alter
von siebzig Jahren in Köln gestorben ist: Raissa Orlowa-
Kopelew. Sie war Journalistin, Übersetzerin, Buchauto-
rin, Dozentin für Literatur in Tallinn (Reval) und in
Moskau und einige Jahre Mitglied der Redaktion der
Zeitschrift »Inostrannaja literatura« (Ausländische Literatur). Und sie war Bürgerrechtlerin.

Zu dieser vielseitigen Aktivität war sie nicht zuletzt
prädestiniert durch ein kosmopolitisches »Weltempfin-
den«. Sie war früher, wie ihr Mann Lew Kopelew, Mitglied der kommunistischen Partei gewesen, war aber im
Jahre 1980 aus der Partei ausgetreten. Im selben Jahre
reisten beide nach Deutschland […].

Der naheliegenden Gefahr, Lew Kopelew etwa zu
imitieren, ist sie nicht erlegen, sie hat ihr scharfes geisti-
ges Profil bewahrt. Bei den Auseinandersetzungen zwischen ihr und ihm dominierten Zuspruch und Widerspruch im schöpferischen Wechsel. Sie hat schöne
Bücher geschrieben, Bücher, die von keinerlei Losun-
gen und Parolen dirigiert sind, schon gar nicht von tages-
politischen, sondern von tiefer Überzeugung und ethischen Normen: »Die Türen öffnen sich langsam« und
»Eine Vergangenheit, die nicht vergeht« werden vor
allem immer wieder genannt.

Ihr Moskauer Heim, lange in der Straße »Krasnoarmejskaja« (Rote Armee), ist unter anderem durch
zwei völlig entgegengesetzte Aperçus charakterisiert
worden. Der vortreffliche Korrespondent Klaus Bed-

narz meint, Raissas Küche sei »die geistige Drehscheibe Moskaus« gewesen. Auf der anderen Seite wurde die Wohnung der Kopelews einmal in einem Artikel der »Sowjetskaja Rossija« (Sowjetrußland) als »Nest des Feindes« bezeichnet. Sehr richtig. Das Nest war allem Ungeistigen, Stupid-Konventionellen und Karrieristischen äußerst feindlich gesinnt. Der schnöde Artikel wurde im Jahre 1980, das heißt vor der Ära Gorbatschow, geschrieben.

Im April dieses Jahres haben die Kopelews endlich gemeinsam Moskau wieder besuchen dürfen. Es muß eine strapaziöse Wiedersehensfreude gewesen sein. Er, der Germanist, der schon als Kind Deutsch sprach, hat sich an das bundesrepublikanische Leben ungehemmter gewöhnen können. Sie, die die deutsche Sprache erst in den letzten Jahren erlernte, hat es weit schwerer gehabt. In dem Buch »Wir lebten in Moskau«, das Raissa Orlowa und Lew Kopelew gemeinsam schrieben, hat die exilierte Autorin mit ergreifender Ehrlichkeit und Schlichtheit beschrieben, wie sie den Unterschied zwischen Köln und Moskau, der Stadt ihrer Geburt, empfand: »Ich lebe sowohl hier wie dort: in dieser immer noch fremden, für mich sehr gastlichen Welt, die aber immer noch nicht die meinige ist, und in jener anderen, die für alle Zeiten meine Welt bleibt.«

(Die Zeit vom 9. Juni 1989)

Uns bleiben ihre Bücher

[...] Viele Jahre wurde sie von dem Gefühl verfolgt, sie hätte nicht zu Ende gesagt, was sie wollte, immer wieder kam sie zu dem zurück, was in ihrem Leben geschehen war, und versuchte, sich selbst und den Lesern zu erklären, wie es dazu kam, daß sie als junge und auch noch als reife Frau an die Lüge, die zu ihrer Zeit herrschte, glaubte und wie sie zu einer unfreiwilligen Teilnehmerin an dieser Lüge, an dem Bösen wurde. Sie wußte nicht, ob sie endlich das gesühnt hat, was sie als ihre Schuld erkannt hatte. Aus diesen unermüdlichen Überlegungen entstand das vielleicht beste ihrer Bücher: »Eine Vergangenheit, die nicht vergeht«, ein mutiges Reuebekenntnis, ohne Rechtfertigungsversuche, ohne Berufung auf Jugend und allgemeine Verdummung. Sie schrieb lange an diesem Buch – 20 Jahre. Raissa Orlowa erzählte darin über sich so, wie ein Arzt erzählen würde, der an sich selbst einen gefährlichen Versuch unternommen hat und nun warnen will: Macht da und da keine Fehltritte, versäumt nicht die Möglichkeit einer Heilung, hütet euch vor einer Überdosis!

Dieser Lebensbericht wird nicht mit einem Punkt abgeschlossen, die Verfasserin hat keine endgültige Antwort gefunden. Vielleicht liegt eben darin der besondere Wert dieses Buches; wir glauben an keine endgültigen Antworten mehr. Sie, eine Tochter der schrecklichen Epoche, wähnte sich glücklich. [...] Von der Natur bekam sie vieles: Sie war eine bezaubernde, attraktive Frau, tapfer, energisch, fleißig; zunächst entwickelte sich ihre Laufbahn so, daß sie leicht eine Dame der Nomenklatura hätte werden können, im Ausland herumreisen, in verschiedenen Redaktionen, Kommissionen und Vorständen sitzen, so wie es zum sowjetischen Establishment gehört. Doch dafür war sie zu lebhaft, zu neugierig und zu eifrig. So erlebte sie ein anderes Glück, sie gewann zahllose Freunde in der Heimat und im Ausland, sie gehörte zum Kreis solcher Persönlichkeiten wie Anna Achmatowa, Heinrich Böll, Alexander Sol-

schenizyn, Kornej Tschukowskij und Lidija Tschukowskaja, Andrej Sacharow, Alexander Galitsch und Frida
Wigdorowa. [...] Doch Raissa Orlowa empfand sich
immer in einer unbeglichenen Schuld. Und sie beglich
diese Schuld so gut sie konnte. Als ältere Frau fand sie
sich nun inmitten der Verfolgten, sie wurde aus der Partei ausgeschlossen, der sie am 22. Juni 1941 beigetreten
war, ausgeschlossen aus dem Schriftstellerverband,
jeder Möglichkeit zu publizieren beraubt, letztlich hat
man sie auch ihrer Heimat, ihrer Staatsangehörigkeit
beraubt; jetzt, im Zeitalter der Glasnost, erweist sich,
daß niemand berechtigt ist, jemanden auszubürgern,
kein Präsidium und auch kein landesweites Referen-
dum.

Dennoch hat sie niemals bereut, diesen schweren
Weg zu gehen, sie bereute nur, daß sie ihn später betrat
als manche Freunde, daß sie zu lange noch geglaubt hat,
als viele bereits aufgewacht waren. [...] Leidenschaftlich
und temperamentvoll teilte sie die allgemeinen Illusionen und Irrungen, sogar den Glauben, daß der XX. und
XXII. Parteitag das System verändern könnten. Doch
ihre Verschuldung darin ist doch wirklich nicht bedeutender als die Schuld derjenigen, die damit wohlbehal-
ten fertig wurden und sich jetzt so vorteilhaft für sich
radikal umstellen. Viel bedeutender waren dafür ihre
Gewissenhaftigkeit und ihr moralisches Gefühl. Die
Behörden hatten schon guten Grund, sie als »Verräterin«
zu verfolgen. Sie war es ja, die dem »Nowyj mir« die
Erzählung eines Lehrers aus Rjasan brachte, die bald darauf weltbekannt wurde: »Ein Tag im Leben des Iwan
Denissowitsch«. Raissa Orlowa und ihr Mann gehörten
zu keiner der Dissidentengruppen oder -zirkel, aber
ihre Wohnung in Moskau war ein Magnet für Anders-
denkende, war ein »Feindesnest«, wo Aufrufe, Bitt-

briefe und Appelle an die Staatsmacht verfaßt, unterschrieben und an die Regierung und in den Westen verschickt wurden.

Eben deswegen durfte sie erst nach achtjähriger Trennung nach Moskau reisen, um ihre Angehörigen und Freunde zu sehen. Und auch das erst, nachdem bekannt geworden war, daß sie unheilbar krank ist. [...] es gibt nur wenige Menschen, die ihre qualvolle, tödliche Krankheit so stoisch geduldig und mutig ertragen hätten, wie sie. Die freundliche Hausfrau in ihrer Kölner Wohnung empfing ihre Gäste, ohne sich auch nur eine Spur ihrer Schmerzen und des bitteren Wissens um das unabwendbare Ende anmerken zu lassen. Mit ihren 70 Jahren war sie keine alte Dame, sie blieb eine reizende Frau, eine lebhafte Gesprächspartnerin, unermüdlich im Wandern und Reisen.

Wir teilen den Schmerz von Lew Kopelew und von allen Angehörigen, die heute über ihr Scheiden aus dieser Welt trauern. Nie werden wir all das Gute vergessen, was sie getan hat, ihre treue Freundschaft, ihre tatkräftige Herzensgüte, alles wodurch Raja Orlowa bekannt war. Uns bleiben ihre Bücher, ihre brillanten Artikel, Besprechungen, Notizen, Rezensionen, ihre unschätzbaren Zeugnisse von der Zeit und von den Menschen, denen sie auf ihrem Lebensweg begegnete.

Wassilij Axjonow; Jelena und Sergej Dowlatow;
Wladimir Fischer; Alexander Genis; Arina und Alexander
Ginsburg; Anatolij Gladilin; Xenija und Nikita Kriwoschein;
Natalja Kusnezowa; Galina und Wladimir Malinkowitsch;
Jewgenij Masej; Olga Sidelnikowa-Ikramowa; Tomas Venzlova;
Pjotr Wajl; Georgij Wladimow

(Russkaja mysl – Paris, 9. Juni 1989)

Christa Dericum

Die Treue der Raissa Orlowa

I

»Seit ich im Westen lebe, hat sich in mir das Gefühl ver-
stärkt, daß sich zwei blanke Enden elektrischer Drähte
in mir berühren. Und ich kann weder den einen noch
den anderen ausschalten.«

Schmerzliche Erfahrungen Tag für Tag, die Wirklichkeit des Unvereinbaren als Lebensnotwendigkeit; Be-
rührungsängste und die Hoffnung, daß irgendwann einmal nicht mehr besondere Vorsicht, besonderer Mut
dazu gehört, die Gegensätze auszuhalten oder gar miteinander zu vereinen. Raissa Orlowa-Kopelew hatte
noch in Moskau, als sie nicht ahnte, daß ihr ein ähnliches
Schicksal beschieden war, über das letzte Lebensjahr
Alexander Herzens im Exil geschrieben, über seine
Trauer, seine Arbeit an der Zeitschrift »Die Glocke«, die
bis zu Herzens Tod 1870 für viele in Rußland ein Quell
der Zuversicht war, über das nie nachlassende Heimweh.

Als sie selber gezwungenermaßen in einem fremden
Land leben mußte, dessen Sprache sie bis dahin nicht
sprach, 1980 ausgebürgert aus der Sowjetunion, zusammen mit ihrem Mann Lew Kopelew, fassungslos, daß
eine lang ersehnte Reise keine Rückkehr haben sollte,
begann sie Herzens Kampf gegen die Müdigkeit zu be-
greifen. »Was berechtigt mich zu glauben, daß mein
Leid das größte ist?« schrieb sie. Wie Herzen versuchte
sie, »aus der Angst, aus der Trauer heraus zu arbeiten«,
die Vergangenheit heimzuholen, die Freunde in der
Sowjetunion, lebende und solche, deren Sterben sie
miterlebt hatte.

Ihre Gegenwart wurde die Bundesrepublik Deutschland. Heinrich Böll, der die Kopelews eingeladen hatte, gab ihnen den Schutz der Freundschaft. Sein Tod traf sie härter, als Raissa Orlowa in ihrer tapferen Anstrengung, dem Tod das Weiterleben abzuringen, auszudrücken vermochte.

II

Andrej Sacharow meinte: »Heimat ist, wo Freiheit ist«; Raissa Orlowa entschied: »Heimat ist, wo Heimat ist.« Beide wußten, wovon sie sprachen, und beide stimmten mit Alexander Herzen überein, der schrieb: »Wenn die Menschen bestrebt wären, nicht die ganze Welt, sondern sich selbst zu retten, nicht die ganze Menschheit, sondern sich selbst zu befreien, dann würden sie viel mehr für die Rettung der Welt und für die Befreiung der Menschheit tun.«

Als Sacharow im Januar 1980 verhaftet wurde, notierte Raissa: »Der Weg von der Angst zum Widerspruch, Widerstand gegen den KGB ist der Weg zur Freiheit.« Schreiben hieß für sie, von der Würde zur Freiheit zu erzählen, von den Freunden in Moskau, die darum kämpften, *nicht*, wie der Dichter Wladimir Majakowskij es ausdrückte, »seinem eigenen Lied auf die Kehle zu treten«. [...]

III

»Sich finden in sich selbst, sich nicht aus dem Blick verlieren«, dichtete Alexander Twardowskij. Für Raissa Orlowa gehörte dazu, fremdes Leid wahrzunehmen. Ihr gefiel ein Spruch über der Pforte eines mittelalterlichen französischen Klosters: »Hier fragt man nicht nach Deinem Namen, hier fragt man nur nach Deinem Leid.«

Für die Namenlosen hatte sie gekämpft. Ihre Erinnerungen aus dem Jahre 1961, als der XXII. Parteitag mit
dem Beschluß, den »Opfern des Personenkults« ein
Denkmal zu errichten, Hoffnung auf einen anderen
Kommunismus machte, klagen die eigene Vergangenheit an, den Glauben der Zwanzigjährigen, die Überzeugungen der Komsomolzin, das »Kuddelmuddel an Lek-
türe« wie den Drang teilzuhaben, Schulter an Schulter
in der Masse. [...]

IV

»Wann endlich verschwindet dieser Leichnam aus unseren Gedanken, aus unserer Literatur?« schrieb Raja ein
Jahrzehnt nach Stalins Tod. [...]

Sie sagte von sich, sie sei keine Dissidentin gewesen,
weil Schwarz-weiß-Denken für sie nie akzeptabel war.
Doch übe sie auch keinerlei Kritik an Dissidenten, »weil
sie die Verfolgten, die Leidenden sind«. Es galt, so zu
leben, als gäbe es kein KGB, gleichzeitig aber keine
Minute lang die Vorsicht zu vergessen. Das hieß vor
allem, sich nicht von der Angst, sondern von »der Kraft«
leiten zu lassen. »Jahrzehnte ohne Lichtblicke, ohne
Ruhe, ohne Freiheit« – und doch ein Alltag voller Hellig-
keiten, Freude, Mut. Als die Freundin Frida Wigdorowa, eine »Vorkämpferin für Gerechtigkeit«, wie Raissa
sie nennt, keine Erlaubnis erhält, über den Prozeß gegen
den jungen Iossif Brodskij, der alle erregte, zu schreiben, ging sie dennoch hin. »Eines amtlichen Auftrags
beraubt, fühlte sie um so stärker den Auftrag, den ihr
inoffiziell die Gesellschaft erteilte.«

V

Alexander Herzen wollte mit seiner »Glocke« als Binde-
glied, »als Zentrum für einen ganzen Kreis von Men-

schen dienen«, vor allem in einer isolierten und gefessel-
ten Gesellschaft. Raissa Orlowa, die Amerikanistin, die
als Studentin Hemingway und Faulkner übersetzte und
J. D. Salingers Satz las, Literatur sei »Löcher in den Eisernen Vorhang bohren«, wollte hinhören, vergleichen,
einfühlen. »Was verbindet uns? Was trennt uns?« [...]

Rajas Lebendigkeit in der Geschichte des kleinen
Mädchens, das am Teich sitzt und die Beine im Wasser
baumeln läßt. [...] Raja, die vergangene Empfindungen
nicht umschreibt, trauert, aber sie vergißt nie die Liebe,
die Freude, das Glück. »Nie, nie ist das vergessen.« Das
kleine Mädchen freut sich. »Das ist den Menschen so
gegeben, sich zu freuen.«

VI

Raissa Orlowa ist tot. Kurz vor ihrem 70. Geburtstag
erzählte sie von Anna Achmatowa, wie wenn sie anwe-
send wäre, antworten könnte. »Sie *spricht* mit uns«, sagte
Raja bestimmt. Alle unsere Lieben sprechen mit uns.
(Frankfurter Rundschau vom 16. Juni 1989)

Anna Dünnebier

Bücher waren ihre Welt

Als ich Raissa Orlowa-Kopelew kennenlernte, Anfang
vergangenen Jahres, hatte sie gerade eine schwere Operation hinter sich. Aber sie sprach nicht über ausgestan-
dene oder über Zukunftsängste. Sie sprach über eine
wunderbare Zeit, die sie im Krankenhaus verbracht

hatte – wunderbar, weil in diesen Wochen zum ersten Mal seit sieben Jahren ihre älteste Tochter aus Moskau ein Visum erhalten hatte und bei ihr in Köln war. Ich habe selten eine so energische Optimistin getroffen.

Optimismus hat sie auch gebraucht in ihrem Leben, in dem hochfliegende Erwartungen mehrmals bitter enttäuscht wurden.

Raissa Orlowa wurde ein Jahr nach der Oktoberrevolution geboren und wuchs auf in einem Klima des Neubeginns, der Umwälzung, der Hoffnungen. Alles war möglich, alles war denkbar, und alles sofort. Die Sterne waren ganz nah, man mußte nur danach greifen. Die Eltern, die Lehrer, die bürgerlichen Gesetze, das alles war von gestern; die Zukunft gehörte der jungen Raissa und ihren Freundinnen und Freunden.

Mädchen und Jungen wurden in der frührevolutionären Sowjetrepublik gleichberechtigt erzogen. In der Schule lernte Raissa Werkzeug handhaben und politisch denken. Ihre Kinderträume handelten nicht von Kleidern oder Ehemännern, sondern vom Fallschirmspringen und von einer Stadt im wilden Sibirien, einer Jugendstadt, die sie gründen würde. Aus diesen Träumen gab es bald ein hartes Erwachen ... Politisches Denken war nicht mehr gefragt, und in Sibirien entstanden ganz andere Ansiedlungen als Jugendstädte. [...]

Jahre später rechnete sie über diese Zeit unerbittlich mit sich selbst ab, in einer über Jahrzehnte hinweg entstandenen Autobiographie (»Eine Vergangenheit, die nicht vergeht«), zu der sie sagte: »Über all meine Bücher spreche ich gern, mache Lesungen – dieses Buch ist eine einzige Wunde.« Eine neue Ära begann 1956 – im Jahr der berühmten Rede von Chruschtschow vor dem 20. Parteitag, in der er mit dem Stalinismus abrechnete. Im selben Jahr heiratete Raissa Orlowa den Schriftsteller Lew Kopelew, der zehn Jahre der Stalinzeit in Lagern und Gefängnissen verbracht hatte. Die Tauwetterperiode war eine Zeit neuer Hoffnungen eines neuen Aufbruchs, die Zeit der literarischen Zirkel, der Diskussionsrunden, der endlosen Gespräche im Freundeskreis, die Zeit, wo bisher unveröffentlichte Literatur gedruckt wurde, bisher verbotene Themen behandelt, über eine bisher tabuisierte Vergangenheit gesprochen werden durfte.

Jetzt begann Orlowa-Kopelew die ersten peinvollen Seiten ihres Buches über ihre »Vergangenheit, die nicht vergeht«. Sicher waren die Sterne nicht mehr so nah wie in der Jugend, die Wünsche handelten nicht mehr von einer neuen Welt, sondern von Rehabilitierung für Lew und andere Freunde. Aber es war für die Kopelews auch eine Zeit des persönlichen Glücks – obwohl sie nicht mal eine eigene Wohnung hatten und ihre Manuskripte oft auf den Knien im Zimmer von Freunden entstanden.

Auch dieser Aufbruch war bald beendet, unter Breschnew begann eine neue Vereisung. Wieder verschwanden Freunde in Haft, in Verbannung, im Exil. Aber diesmal meldeten Kopelews Protest an. Oder genauer: Sie machten Arbeitsteilung. Lew wagte sich weit vor, gab Interviews, publizierte im Ausland, protestierte, flog aus dem Schriftstellerverband und durfte in der Sowjetunion nichts mehr veröffentlichen.

Raissa blieb im Hintergrund und hielt den Mund. Einer mußte ja Arbeit behalten und die Familie ernähren. Sie akzeptierte diese Rollenteilung [...].

Sie war auf angenehme Weise undogmatisch, haßte Denken in Schwarz-weiß-Kategorien, wollte nicht zulassen, daß man die Sowjetunion einteilte in »gute Dissidenten« und »böse Systemtreue«, erklärte geduldig, wieviel komplizierter und widersprüchlicher die

Wirklichkeit ist. Daß man als Frau dort beispielsweise mehr Rechte hat als hier, aber zugleich durch Not und Unterdrückung viel weniger Chancen, diese zu verwirklichen: »Es wird den Frauen durchaus zugestanden, nach den Sternen zu greifen, nur haben sie keine Zeit dazu, weil sie gerade Schlange stehen müssen.«

Und sie schrieb über russische Bücher (»Briefe aus Köln über Bücher aus Moskau«). Bücher waren ihre Welt, und was sie an der Bundesrepublik am meisten verwunderte, mehr als das Konsumdenken oder die Förmlichkeit oder die Planung, das war das Desinteresse an Büchern. Sie konnte gar nicht fassen, daß sie beispielsweise Leute traf, durchaus lesende und interessierte Leute, die Anna Achmatowa nicht kannten – Anna Achmatowa, die große Dame der russischen Literatur unseres Jahrhunderts, deren Gedichte zur Stalinzeit wie Kassiber geschmuggelt oder von Ohr zu Ohr geflüstert wurden, die Autorin des »Requiem«. Ganz zu schweigen davon, wie unbekannt die gegenwärtige Autorengeneration hier ist.

Als mit Gorbatschow zum drittenmal eine Zeit der Hoffnung anbrach, da war Raissa Orlowa-Kopelew zum drittenmal dabei, mit Skepsis, aber mit mehr Begeisterung. Sie fuhr von Versammlung zu Versammlung, sprach im Radio und zu Zeitungen, um für Glasnost und Perestrojka zu werben. Ihre Jugendträume ließ sie sich nicht nehmen.

(Emma, 7. Juli 1989)

Teil III

Lois Fisher-Ruge

A Special Relationship

Rias's absence has left a pall over me. The chair at the kitchen table where we spent countless hours drinking tea and discussing the future of her motherland is empty. When I pass her study I am reminded of the long conversations when we bared our souls to one another. I miss her quiet knock on my door and her plea for »temporary asylum«. The commotion in her flat, only two meters away, was sometimes even too much for her strong nerves and uncomplaining nature.

On her list of priorities, she always occupied the last place; first came Lev, then her family, friends, strangers, etc. She preferred to remain in the background, but her wisdom and knowledge made her stand out and earned her reclaim.

When I was happy she rejoiced. When I was sad, she suffered. She was always there to console me.

I miss Ria and am grateful for her understanding and companionship during the precious years we were friends.

Elisabeth Weber

Lehren und Lernen

I

10. Juli 1989 – Endlich Ferien. Hinter mir liegen mehrere Monate, in denen ich, ohne Atem zu schöpfen, gelebt und gearbeitet, Gefühle und Gedanken, Begegnungen und Eindrücke wahllos in mir aufgestapelt

habe: Zwei Reisen nach Moskau, zwei nach Polen, politische Diskussionen, rot-grüne Gespräche, Artikel, Papiere, Redeentwürfe, Gespräche mit ausländischen Besuchern, Tagungen, Gespräche mit Freundinnen – alles liegt ungeordnet und zerdrückt in mir.

Ziellos gehe ich durch die Straßen von Köln – keine Termine, keine Verpflichtungen. Und plötzlich spüre ich, daß die Erinnerungen in mir aufzuwachen beginnen. Wie ein zerdrückter Blumenstrauß in Wasser gelegt, richten sich die einzelnen Erinnerungen auf, entfalten ihre Blüten, beginnen zu duften. Ich kann sie ansehen, sie wiedererkennen und ordnen. Und alles andere in den Hintergrund drängend, entfaltet sich endlich immer klarer und majestätischer die Blume der Trauer um Raja. Endlich traue ich mich, ihr ins Gesicht zu sehen, mich der unter der wahllosen Arbeit verdrängten Erkenntnis zu stellen: Raja ist tot. Am 8. Juni war die Trauerfeier. Das Netz der Gespräche, in dem ich mich so geborgen fühlte, ist zerrissen.

Vor zehn Tagen bin ich aus Warschau zurückgekommen. Zum ersten Mal konnte ich nicht vom Flughafen aus anrufen und sagen: »Raja, ich bin wieder da. Wie geht es Ihnen? Wann sehen wir uns?« Einen Tag später gehe ich in die Neuenhöfer Allee. Lew, Mascha, Karl-Heinz, Brigitte sind da – alle so freundlich. Und keine Raja, die mich umarmt und schnell in ihr Zimmer zieht: »Erzählen. Nein, erst arbeiten. Dann Tee trinken. Lew soll auch zuhören.« Warum bin ich zurückgekommen? Warum erlebe ich Dinge, wenn ich sie Raja nicht erzählen kann? Wer hört mir jetzt zu? Lange war mir Rajas Verehrung für Anna Achmatowa unverständlich. Fremd ist sie mir immer geblieben. Aber jetzt fallen mir Gedichtzeilen ein: »Doch wo ist mein Zuhaus? und wo ist mein Verstand?«

Ich erinnere mich an den Sommernachmittag im Garten des Kurhauses in Bad Münstereifel. Ich habe eine Ausgabe russischer Lyrik mit wörtlichen deutschen Übersetzungen mitgebracht, die Raja mir vor langer Zeit einmal geschenkt hatte. Dazu noch Etkinds Ausgabe der deutschen Übersetzungen von Gedichten Achmatowas. Ich kann kein Russisch, und oft schon hatten wir uns vorgenommen, einmal zusammen die Übersetzungen anzusehen. Jetzt ist endlich Zeit dazu. »Der Keller der Erinnerung«. Ich sage, daß ich alles banal und süßlich finde. Raja beginnt, mir Wort für Wort zu übersetzen. Lew, der etwas weiter entfernt sitzt und liest, wird aufmerksam und nimmt ihr ungeduldig das Buch weg. »Was ist das für eine Übersetzung? Wieso steht hier Qualm? Wieso dauernd? Im Russischen gibt es hier kein dauernd.« – Und sich gegenseitig anspornend und überbietend, versuchen sie, mir den Klang und den Zauber der Verse zu geben, längst schon mehr eigene Freude und Erinnerung als Hilfe für mich. Ich freue mich über ihre Freude und beginne zum ersten Mal, etwas von der Kraft dieser Verse zu spüren.

Die Bilder und Eindrücke quellen unaufhaltsam hervor. Und bei jedem Bild spüre ich, wie festes, gelebtes Leben sich unabänderlich in Erinnerung verwandelt, in kleine Stücke Papier, bereit wegzuwehen oder abgeheftet zu werden. Was ist mit mir passiert? Ich wußte doch, daß Raja sterbenskrank ist. Wozu jetzt diese hemmungslose Verzweiflung?

Ich schreibe gegen die Verzweiflung, gegen die Trauer. Ich schreibe, um die Erinnerung festzuhalten.

Ende April 1982. Im Sommersemester soll ich einen neuen Sprachkurs für ausländische Studenten an der Universität Köln, wo ich als Deutschlehrerin arbeite, übernehmen. Ein Kurs III, Mittelstufe. Ich freue mich. Nebensätze, Passiv, Konjunktiv II, Konjunktiv I – diesen Kurs unterrichte ich gern, weil die Studenten da in der Regel merken, daß sie jetzt mehr können, als die einfachsten und banalsten Sachen zu sagen. Wenige Tage vorher ruft mich eine Kollegin an: »Hast Du schon mal den Namen Kopelew gehört?« – »Ja«, sage ich, »ich habe seine Autobiographie gelesen.« – »Na gut, mein Doktorvater kennt ihn, und Kopelews Frau möchte gern einen Deutschkurs bei uns besuchen. Ich mache im Sommer einen Oberstufenkurs. Das wird für sie zu schwer sein. Könnte sie nicht zu Dir kommen?« Ich überlege. Die Frau eines Prominenten? Wird das wohl gut gehen? Aber dann überwiegt das Interesse und auch das Mitleid, und außerdem tröste ich mich, daß es ihr sicher nach einer Woche langweilig werden und sie wegbleiben wird. Also sage ich zu.

Montag nachmittag beginnt der Kurs. Etwas abseits von den lärmenden und in vielen Sprachen durcheinander redenden Studenten steht eine ältere Frau, unauffällig, fast schüchtern. Bei Raja habe ich diesen Ausdruck nie wieder gesehen. Etwas ängstlich fragt sie in gebrochenem Deutsch, ob sie am Kurs teilnehmen könne. Ich lächle sie an und bejahe.

Raja setzt sich in die erste Reihe, beugt sich tief über das Heft und schreibt aufmerksam mit. Ich bitte die Studenten, sich vorzustellen. Eine interessante Klasse. Viele Nationen. Viele Schicksale. Wie meistens ist die Sitzordnung nach einer geheimen Logik sortiert: links die, die gegen den KGB sind – Polen, Afghanen, Vietnamesen, rechts die gegen den CIA – Türken, Koreaner, mehrere Lateinamerikaner. In der Mitte ein Italiener, eine Portugiesin, eine Studentin aus den USA. Es macht mir Freude, diese starre Ordnung in Bewegung zu bringen, die Studenten aneinander zu interessieren, sie behutsam miteinander ins Gespräch zu bringen. Raja sitzt auf der linken Seite neben einem Vietnamesen, einem der »boat-people«. In der Pause unterhält sie sich mit ihm. Ich merke, wie sie fast systematisch die anderen Studenten befragt, beginnend mit den Afghanen und den Polen, die zunächst mißtrauisch gegenüber einer Moskauerin sind und dann leidenschaftlich, immer lauter und in schaurigem Deutsch ihre Anklagen formulieren. Viele aus dem Kurs haben Asyl in der Bundesrepublik. Eine Argentinierin, die im Gefängnis war, Lehrerin mit zwei kleinen Kindern. Ein Koreaner, Philosoph, Buddhist, ein Anführer des Studentenaufstands von Kwangju, der nach einer abenteuerlichen Flucht in die Bundesrepublik Deutschland kam und mir zum Abschied eine Kalligraphie schenkt, die er gezeichnet hat: Weiße Wolke, stumm am Himmel. Eine Koreanerin, Musikstudentin, die abends für jämmerlich wenig Geld in einer Gaststätte putzt und in der Pause einmal von Weinen geschüttelt erzählt, wie sie ständig von deutschen Männern wie sexuelles Freiwild behandelt wird.

Wir behandeln das Wortfeld »Wohnen«. Ich fordere die Studenten auf, die Grundrisse der Häuser zu Hause an die Tafel zu zeichnen. Ein Koreaner erzählt von den gemeinsamen Baderäumen der Männer. Der italienische Student hat zwei Jahre bei Indianern in Mittelamerika gelebt und zeichnet die Tabuzonen eines Zelts auf. Raja erklärt, was eine Kommunalwohnung ist.

Sie verfolgt alles mit leidenschaftlicher Aufmerksamkeit und genießt den Reichtum der in dieser kleinen Klasse versammelten Kenntnisse und Erfahrungen. Ihr Interesse trägt stark dazu bei, daß ein Raum gegenseitiger Achtung entsteht.

Außerdem verfolgt sie aufmerksam und kritisch, ob ich alles richtig mache. Ich bin es gewöhnt, daß in der Regel fast ein Drittel der Studenten, besonders der Studentinnen, selbst zu Hause Lehrerin war. Aber Rajas Aufmerksamkeit scheint mir nicht so sehr meinem Bemühen um verständlichen Deutschunterricht zu gelten, sondern meinem Versuch, den Studenten ein Stück Selbstbewußtsein und Identität zu geben, in einer Situation, wo sie auf die kärglichsten Wortfetzen einer fremden Sprache angewiesen sind. Ich merke, wie ich beginne, Rajas aufmerksames Interesse zu vermissen, wenn sie einmal fehlt, merke ich wie hilfreich ihre Anwesenheit ist.

Am Ende des Semesters entschuldigt Raja sich, daß sie nicht an der mündlichen Abschlußprüfung teilnehmen kann, sie werde mit ihrem Mann längere Zeit in die USA fahren und im Wintersemester wiederkommen.

Oktober 1982. Raja ruft mich zu Hause an. Sie seien zurück aus den USA, und sie wolle jetzt weiter Deutsch lernen. Wir verabreden uns in einem Café. Raja sagt mir, daß sie leider keine Zeit habe, jeden Nachmittag an den Deutschkursen teilzunehmen, ob ich ihr nicht zweimal in der Woche Privatunterricht geben könne und wieviel das kosten würde. Normalerweise gebe ich keinen Privatunterricht, weil mir die Rolle des »Privatlehrers« nicht gefällt. Bei Raja habe ich aber Vertrauen, daß sie mich nicht als »Angestellte« behandeln wird, und ich habe Lust, mich auf eine verbindliche Art Zusammenarbeit mit ihr einzulassen.

Wir verabreden feste Zeiten, montags von zehn bis zwölf, was ihr schwerfällt, weil vormittags für sie »geheiligte« Schreibtischzeit ist, aber ich muß nachmittags an der Uni unterrichten, und donnerstags von 16 bis

18 Uhr. Sie bittet, daß sie zu mir nach Hause kommen kann.

Für den 26. Oktober, 10 Uhr, verabreden wir den ersten Unterricht. Zu meiner Überraschung kommt Raja eine halbe Stunde zu früh. Die »Frau eines Prominenten«, die zu früh kommt? Einige Monate später erzähle ich ihr von meiner Überraschung, und wir diskutieren über die verschiedenen Zeitgewohnheiten in unseren Ländern. Und langsam beginne ich mich bei ihr zu entschuldigen, daß ich sie mir innerlich als »Frau eines Prominenten« vorgestellt habe. Wie wenig weiß ich von Moskau und von ihr, daß ich ein so dummes Klischee überhaupt denken konnte.

Für die erste Stunde habe ich Grammatikblätter und Übungstexte bereitgelegt. Folgsam beschäftigt Raja sich damit. Doch ich merke, daß sie viel mehr Interesse für meine Bücher hat. Schließlich steht sie auf, mustert die Regale ein bißchen und fragt mit unverhohlener Neugier, wieso ich Lenin und Stalin besitze, ich sei die erste Deutsche, in deren Bücherregel sie das finde.

Ich erzähle Raja etwas von meiner Biographie: SDS in Berlin, Maoistin, Auflösung der Gruppe, Krise und Nachdenken darüber, neues Lesen über Stalinismus, jetzt in der Friedensbewegung. Aufmerksam hört Raja zu und fragt. Nach einer halben Stunde klingelt das Telefon: Lew ruft an und will wissen, ob sie gut angekommen sei und wann sie wiederkomme.

Nach ein, zwei Unterrichtsstunden merke ich, daß Raja sich für die Übungstexte und Grammatikblätter einfach nicht interessiert. Ich bestehe auf einigen Grammatikübungen am Anfang jeder Stunde und beginne zugleich, Zeitungsartikel oder kurze literarische Texte mit ihr gemeinsam zu lesen. Manchmal habe ich Glück, manchmal Pech. Die Biermann-Gedichte interessieren sie sehr, Hebels Kalendergeschichte leider überhaupt nicht. Mit großer Energie bemüht sie sich, ein »Zeit«-Gespräch mit Siegfried Lenz zu verstehen, einige Brentano-Gedichte schiebt sie lustlos beiseite. Ich merke, wie es mir Freude zu machen beginnt, Texte rauszusuchen, die Raja gefallen könnten, oder auch zu testen, ob ihr Texte gefallen, die mich interessieren. Umgekehrt merke ich, daß sie eine Art kleines Erziehungsprogramm für mich verfolgt: Ajtmatow, Rasputin, Iskander, Trifonow. Vergnügt stellen wir fest, daß wir uns gegenseitig erlauben, uns zu beeinflussen.

Montag vormittag und Donnerstag nachmittag wird ein fester Rhythmus. Ein sachliches Vertragsverhältnis, in dem allmählich und unerwartet ein kleines Stück Freundschaft wächst.

Manchmal bringt Raja Leserbriefe mit, die sie aufgrund ihrer ersten Artikel bekommen hat, und bittet mich, ihr bei der Formulierung einer deutschen Antwort zu helfen. Erstaunt registriere ich, welche Sorgfalt sie darauf verwendet. Sie sagt mir, was sie schreiben will, und ich schlage ihr deutsche Formulierungen vor. Dann überlegt sie: »Nein, das klingt zu aufdringlich«, oder sie fordert: »Es soll deutlich werden, daß mich der Brief wirklich gerührt hat«, oder: »Es darf nicht eitel klingen«. Ich sehe, daß Raja, die keinerlei Interesse für Syntax hat und nur selten eine korrekte Nebensatzkonstruktion formuliert, ein fantastisch genaues Gefühl für Wörter und sprachliche Wendungen hat.

Zugleich lerne ich durch diese Briefe einen Teil der deutschen Gesellschaft kennen, von dem ich vorher fast nichts wußte. Briefe von Menschen, die eine besondere Beziehung zu Rußland haben: Liebe zur russischen Literatur, Kindheit in Petersburg, Berichte von Kriegsgefangenschaft und Vertreibung. Ich sehe, wie Raja und Lew ein Stück erlebter Geschichte auch in unserem Land an die Oberfläche bringen, das Anfang der achtziger Jahre aus dem öffentlichen Interesse nahezu ausgeklammert war und für jemanden wie mich mit einer rein »westlichen« Familientradition und einer wenn auch gebrochenen linken Vergangenheit fast unbekannt und in mancher Hinsicht tabu war. In vielen Briefen ist der Wunsch zu spüren, Raja und Lew sozusagen stellvertretend für die ganze Sowjetunion um Verzeihung zu bitten. Die Formel »Ewiggestrige« trifft für einige zu, die immer noch Hitler und Stalin miteinander verrechnen wollen und von Lew wütende Antwortbriefe bekommen, an den meisten der Briefe gleitet sie ab angesichts der Intensität des einzelnen Schicksals.

Seit 1980 war ich in dem Teil der Friedensbewegung aktiv, die sich für einen »Ost-West-Dialog von unten« einsetzte, das heißt für das Gespräch zwischen westeuropäischer Friedensbewegung und osteuropäischer Bürgerrechtsbewegung. Raja fand das interessant, aber nicht sehr. Politik fand sie sowieso nicht besonders interessant und lehnte es eigentlich ab, darüber zu reden. Dagegen bewunderte und unterstützte sie die Arbeit von »amnesty international«.

Ende 1983 fragte mich Milan Horáček, Bundestagsabgeordneter der Grünen, ob ich bereit sei, in seinem Büro zu arbeiten. Ich fragte auch Raja um Rat. Sie überlegte und sagte dann: »Machen Sie. Es ist wichtig.« Zugleich drang sie darauf, daß ich den Unterricht mit den Ausländern nicht aufgebe.

Raja nahm Anteil an meiner Arbeit in Bonn, aber das andere schien ihr viel wichtiger. Sie fragte oft nach den Studenten, kam zu den gemeinsamen Weihnachtsfeiern, und als unsere Kurse im Rahmen eines Hochschulsparprogramms eingeschränkt werden sollten und wir dagegen streikten, waren Raja wie Lew empört, und Lew rief den Rektor an, um gegen die Sparmaßnahmen zu protestieren.

II

Rajas Buch »Die Türen öffnen sich langsam« erscheint, und sie wird aufgefordert, selbst daraus in deutsch vorzulesen. Wieder und wieder üben wir zusammen laut lesen, und mit großem Lampenfieber steht sie im Mai 1984 ihre erste Lesung in deutscher Sprache durch, zusammen mit Lew. Mit mindestens ebenso großem Lampenfieber höre ich unten zu. Raja liest fast wie eine Schauspielerin, perfekt wie später kaum wieder. Voll glücklichem Stolz nimmt sie das allgemeine Lob entgegen, besonders natürlich das von Lew. Langsam beginnen solche Lesungen zu ihrem Alltag zu werden. Wir üben die Texte aus dem Türen-Buch und aus der Autobiographie. Zunehmend wichtiger als die Lesungen werden für sie aber die anschließenden Fragen und Antworten. Brigitte oder andere Freunde schreiben die Fragen mit, und im Unterricht sprechen wir ihre Antworten durch. Wenn die Lesungen in der Nähe sind, höre ich zu und begreife bei den Reaktionen des Publikums, warum Raja trotz vieler Sprachfehler verstanden wird. Ihr Deutsch hat sich entwickelt zu einer Mischung von chaotischer Syntax und einem überraschend reichen und vielfältigen Wortschatz. »Raja-Deutsch« beginnen wir es zu nennen, und Brigitte, Karl-Heinz und Frau Roth ahmen es machmal nach: »Was zu tun?« fragen sie, wenn es ein Problem gibt. Lew korrigiert mitten im Gespräch plötzlich eine Endung oder einen falschen Artikel: »Es heißt nicht die Gefühl, sondern das Gefühl«, und kritisiert mich, daß ich Raja nicht streng genug korrigiere.

Ich verteidige mich: »In den Fehlern von Rajas Sprache spürt jeder ihre Mühe, deutsch zu sprechen, um Brücken zu bauen. Die Menschen beginnen, genauer zuzuhören und sind nicht mehr nur Publikum, sondern wirklich Angesprochene und Zuhörende. Mein Unterrichtsziel ist nicht, daß Raja ein perfektes und glattes Deutsch spricht, sondern daß sie versteht und verstanden wird.« Mir gefällt meine Verteidigung, aber Lew ist nicht einverstanden. Er will korrekte Sprache. Karl-Heinz und ich ziehen ihn auf mit seinem »Goethe-Deutsch«.

Ich bemühe mich, die Fehler herauszufinden, die den Sinn von Rajas Antwort verfälschen. Immer wieder üben wir den Unterschied zwischen »als« und »wenn«, zwischen »Schuld« und »Schulden«. Raja beginnt, Textstücke von sich mitzubringen. Sie hat einige Seiten in russisch geschrieben und versucht, selbst eine deutsche Übersetzung zu machen. Zusammen besprechen wir ihre Fassung in »Raja-Deutsch«, prüfen die verschiedenen Wörter.

Bei diesem Wort assoziiert man Religion. Ja, das will ich.

Bei dieser Phrase denkt man an die Sprache des Adels. Nein, das paßt nicht.

Dieses Wort klingt sehr pathetisch. Ja, soll.

Dieses Wort ist zu banal. Warum?

Besonders empfindlich ist Raja gegen sprachliche Wiederholungen, »haben« steht hier schon: Ich »habe« Angst. Also darf es nicht im nächsten Satz heißen: Ich kann dazu nichts sagen, weil ich das Buch noch nicht gelesen »habe«. – Ich meine, daß das Wort doch in einem ganz anderen Kontext steht und man das stehenlassen kann. Raja macht ein Gesicht wie ein bockiges kleines Kind und sagt: »Nein, ich will ein anderes Wort.«

Lisa Markstein schickt die ersten Übersetzungen von Rajas Autobiographie. Raja gibt sie Karl-Heinz, Brigitte und mir. Ich mache mir Notizen, frage, wenn ich etwas nicht verstehe, der Gedanke mir nicht klar zu sein scheint. Raja freut sich über Fragen, sie genieß es, »Versuchskaninchen«, wie sie uns nennt, gefunden zu haben. Aber wichtiger als alle inhaltlichen Diskussionen ist ihr das Prüfen, ob die Sprache genau genug, treffend genug ist.

Raja liebt Bilder und haßt lange abstrakte Sätze. Manchmal schlage ich ihr vor, den Gedanken des Absatzes doch in einem abschließenden Satz zusammenzufassen. Fast immer lehnt sie ab und amüsiert sich über die pädagogische Prägung meiner Vorschläge. In Diskussionen über Rajas Texte kritisiert Karl-Heinz manchmal, daß die Textstellen zu sprunghaft und assoziativ aufeinander folgen. Langsam verstehe ich, daß Raja Vorschläge, die die innere Logik eines ganzen Textes betreffen, gern aufnimmt, daß sie die assoziative Struktur aber hartnäckig verteidigt. Nicht alles aussprechen, Pausen und Sprünge aushalten, so schreiben, daß dem Lesenden Raum für den Bau einer eigenen Assoziationssubstruktur bleibt. Raja hört zu, wenn ich ihr meine germanistischen Überlegungen vortrage. Aber wenn sie zu lang werden, wird sie ungeduldig. »Zu viel«, sagt sie.

Ich beginne diese Stunden zu lieben. Mit Raja etwas spazierengehen, erzählen, dann gemeinsam auf einer Parkbank sitzen und sich über einen Text beugen, Wort für Wort, Satz für Satz zu prüfen, wird für mich Inbegriff von sinnvoller Arbeit. Ich habe selbst viel geschrieben in meinem Leben: Flugblätter, politische Artikel, Redeentwürfe, »papers« zu verschiedenen politischen Fragen. Zuerst finde ich Rajas Bemühen um das treffende Wort etwas übertrieben. Wenn man weiß, was man sagen will, ist das einzelne Wort doch egal. Aber allmählich beginnt sich mein Verhältnis zur Sprache zu ändern. Ich merke, wie schlampig und oberflächlich meine eigene Schreibsprache ist. Ich begreife bewußter die Struktur politischer Sprache, die gut ist, wenn sie Beifall hervorruft, und begreife, daß dies nur ein kleiner Ausschnitt dessen ist, was Sprache bedeutet, daß Sprache mehr kann, als Inhalte zu transportieren.

Manchmal gab ich Raja für sie interessante Berichte oder Artikel von mir. Meist las sie sie kommentarlos, fragte vielleicht nach einer Information. Ein Artikel über die Situation der Grünen oder ein anderer über den Zusammenhang von Frieden und Menschenrechten gefiel ihr. »Ich höre Ihre Stimme«, sagte sie, und ich wunderte mich. Ich brachte ihr drei verschiedene Artikel von Grünen, die einen zu anbiederischen Auftritt von Jutta Ditfurth im Kreml kritisierten. Sie las mit großem Interesse. Die Gedanken in meinem Artikel gegen Jutta gefielen ihr. Als Artikel fand sie die bilderreiche Polemik von Milan am überzeugendsten. Den dritten Artikel fand sie einfach zu lang. »Zu lang« war für sie, auch für Lew, immer ein schwerer Verstoß. Was ich jetzt über sie schreibe, hätte sie bestimmt auch »zu lang« gefunden.

Einmal schrieb ich einen Artikel über Frauen in der Studentenbewegung. Raja strich sich darin drei Sätze an, die ihr gefallen hatten, besonders die Überschrift: »Angst vor dem Chaos«. Ich sagte, daß sie genau die drei Sätze angestrichen habe, die ich einfach hätte schreiben müssen, ohne zu wissen warum, es seien »von der inneren Stimme diktierte Sätze« gewesen. Raja sagte mit Ernst: »Hören Sie auf die Stimme.« Ich lachte und sagte: »Ich bin keine Literatin, sondern eine Sprachlehrerin und habe Spaß an der Politik.« Das ist richtig. Doch ich merke, wie sich durch Rajas Anforderungen an mich als Sprachlehrerin mein eigenes Verhältnis zur Sprache geändert hat. Ich schreibe nach wie vor Gebrauchstexte, wegen eines Inhalts oder eines Anlasses, aber die verkümmerte Sprache der Politik kommt mir zunehmend mühsamer über die Lippen. Durch Raja habe ich eine Ahnung davon bekommen, was nach den Gesetzen der Poesie »richtig« heißt.

Rajas Erziehungsprogramm für mich geht weiter. Ich habe früher viel und wahllos Romane und Dramen gelesen, dann eine lange Zeit nur Geschichte und Politik. Seit Ende der siebziger Jahre viele der Autobiographien aus Osteuropa, weil ich in ihnen einen Widerschein meiner eigenen Geschichte, der charismatischen und bösen Anziehungskraft der »einfachen Weltbilder« gerade auf Intellektuelle spürte. Raja fragt manchmal danach. Sie scheint zu schätzen, daß ich keine »Renegatin« geworden bin, zürnt über den dogmatischen Antikommunismus innerhalb des Exils. Wir lächeln über die gemeinsame Erinnerung an Wendungen wie »Links- und Rechtsabweichung«, »Rädchen und Schräubchen«, »Kampf gegen den Sozialdemokratismus« oder über den Eindruck von »Wie der Stahl gehärtet wurde«. Immer wieder fragt Raja nach der Studentenbewegung, nach 68, nach den Terroristen, nach der RAF, ob ich welche kannte. Erst mit ihrem kleinen Buch über Alexander Herzen, das ich sehr liebe, beginne ich, den Hintergrund ihres leidenschaftlichen Fragens nach dem Terrorismus zu verstehen. Heute sehe ich, wie unmerklich sich durch Raja mein Verhältnis zu meiner eigenen politischen Vergangenheit geändert hat. Größere Gelassenheit, tiefere Scham.

Vor einer Reise nach Budapest frage ich Raja, welches Buch sie mir als Reiselektüre empfiehlt. Ich habe in

214

einer Ramschkiste alte Kontinent-Ausgaben gekauft und zeige ihr Kornilows »Abschied vom Regiment« und Bukowskijs »Wind vor dem Eisgang«. Raja verstummt. – »Genauso stand meine Tochter einmal vor mir, zeigte mir die beiden Bücher und fragte, welches sie lesen solle.« Sie erzählt mir von Kornilow und erklärt mir, was »Eisgang« ist. Neben den beiden Büchern liegt noch Bulgakows »Meister und Margarita«, das ich auch antiquarisch gekauft hatte. »Und was ist hiermit?« fragte ich. »Was?« Raja schreit fast, »Sie kennen Bulgakow nicht? Natürlich Bulgakow.« Im Zug lese und lese ich, fasziniert und begeistert. In Budapest besuche ich Rimma Dalos, zu der mich ihr Mann geschickt hat und die ich noch nicht kenne. Nach dem Eintreten ziehe ich den Mantel aus und lege achtlos das Buch auf den Tisch. Die russische Freundin von Rimma stürzt sich auf das Buch und ruft: »Oh, Sie lesen Bulgakow. Ich liebe Bulgakow« – und kein Wort der Vorstellung ist mehr nötig. Raja freut sich, als ich ihr nach der Rückkehr davon erzähle. In Moskau erlebe ich später, wie der Name Böll als Zauberschlüssel wirkt, der Türen öffnet und Vertrauen entstehen läßt.

Systematisch schenkt Raja mir die russischen Klassiker, »Krieg und Frieden«, »Die Dämonen«, »Der stille Don«. Sie freut sich, daß mir Trifonows »Zeit und Ort« gefällt. Allerdings lobe ich zu ihrer Enttäuschung die Liebesgeschichte, die Raja banal findet. Von Iskander habe ich einen Band mit Erzählungen in der DDR gekauft und fand sie oberflächlich und folkloristisch. Raja war sehr enttäuscht. Im letzten Jahr war Iskander in Köln und las aus »Belsazars Feste«. Ich kaufte mir sofort das Buch, war begeistert von der Erzählung und las dann auch alle anderen noch einmal in neuem Licht. Raja war sehr zufrieden über meine Begeisterung. Wie glaubte sie an die Vision des multinationalen Zusammenlebens in Iskanders Suchumi.

Raja liebte es, über Bücher zu sprechen. Ich besuchte sie in Bad Neuenahr, wo sie sich nach der ersten Operation erholte. Beide hatten wir über Weihnachten Arthur Millers »Zeitkurven« gelesen, sie in englisch, ich in deutsch. Eifrig zählten wir uns auf, was uns besonders gut gefallen hatte, und freuten uns, wenn unsere Empfindungen übereinstimmten: die Erzählung von den tanzenden Rabbis vor der Bundeslade, die noble Darstellung von Marilyn Monroe. Sie erzählte, wie Lew und sie Arthur Miller kennenlernten und von der Arbeit des PEN-Club.

Über ein Jahr lang lasen wir am Ende jeder Unterrichtsstunde ein oder zwei Seiten aus Christa Wolfs »Kassandra«. Raja las laut vor, und ich erklärte ihr die Wörter, die sie nicht verstand. Manchmal kam Raja müde und erschöpft zu mir. Es gelang ihr nur schwer, sich zu konzentrieren, und die deutsche Sprache machte ihr Mühe. Später, als ich häufiger in der Neuenhöfer Allee das Chaos von Besuchen und Telefonanrufen erlebt hatte, konnte ich sie verstehen und auch, daß sie mein unordentliches Zimmer als ihre »Südseeinsel« bezeichnete und es viel lieber hatte, wenn sie zu mir als wenn ich zu ihr kam. Aber auch an Tagen sehr großer Erschöpfung brauchten wir nur eine halbe Seite Christa Wolf zu lesen, und Raja war plötzlich entspannt, ruhig, konzentriert. Sie holte sich Lebenskraft aus der Literatur.

Als sie im Krankenhaus zu schwach zum Lesen war, bat sie, ihr vorzulesen. In den Tagen vor ihrem Tod konnte sie deutsch vorgelesene Texte nicht mehr auffassen. Ihre letzte Lebenskraft schien sich auf Russisch zu konzentrieren. Ich konnte nur noch zum Abschied ihre

Hände streicheln. Lew, Mascha und Sweta lasen ihr Achmatowa und Turgenew vor.

Raja und ich lebten in zwei verschiedenen Welten, gehörten verschiedenen Generationen an. Verschiedene Biographien, gänzlich andere Lebenszusammenhänge. Durch den Sprachunterricht berührten sich unsere Lebenskreise. In der gleichmäßigen und gelassenen Kontinuität des Unterrichts begannen die beiden Kreise ein kleines Stück zusammenzuwachsen, und etwas wie ein kleines gemeinsames Segment entstand. Dieses kleine gemeinsame Stück erscheint mir in der Erinnerung sehr hell, wie ein Stück sonnenüberfluteter Veranda, erfüllt von der Freude am Gespräch, vom gelassenen Vertrauen, daß Verständigung über alle Unterschiede hinweg möglich ist und Mißverständnisse durch Sprechen aufgeklärt werden können. Wir liebten es beide sehr, nach vielen Wochen oder Monaten auf ein früheres Gespräch zurückzukommen, Einschätzungen zu korrigieren, sich über Veränderung Rechenschaft abzulegen.

Ich wußte, wie sehr Raja an der Trennung von Moskau litt, spürte ihren Kampf mit den schwarzen Schatten der Krankheit und ihre Angst vor Vergeblichkeit. In einem Nachruf auf sie wurde formuliert: »Angst vor dem Haß.« Ja, Raja hatte Angst, und ihre sie quälende Schlaflosigkeit war ein Ausdruck davon. Aus unserem kleinen hellen Raum waren aber die schwarzen Schatten und die Angst ausgesperrt. Feigheit und Hilflosigkeit von mir, aber auch ein gemeinsamer Konsens und ein Angebot zu einer winzigen Fluchtburg für Raja. Ich denke, wir wußten beide, wenn wir die verschiedenen Eingangstüren zu unserem kleinen Raum hinter uns geschlossen hatten, daß vor der Tür die Dämonen warteten, vor ihrer Tür unvergleichlich viel mehr als vor meiner. Sie einen Augenblick zu vergessen bedeutete für Raja immer auch, ihre Macht für einen Augenblick zu bannen, die Freiheit der eigenen Person zu behaupten. Mit Erschütterung spüre ich beim Lesen ihrer Tagebuchnotizen, wie mächtig die Dämonen in ihrem Leben waren und wie verzweifelt sie sich gegen sie zur Wehr setzte.

Raja und ich haben eigentlich nicht über fest umrissene Themen gesprochen. Alle Gespräche kreisten immer wieder um Bücher, um Sprache, um Austausch, Gegeneinanderhalten, Vergleich verschiedener Lebenserfahrung. Die Tatsache, daß alles, was ich sagte, von einem vollständig anderen Lebenszusammenhang geprägt war, reizte Raja, immer neu nach Unterschieden und Gemeinsamkeiten zu suchen. Zugleich hat sie Anders-Sein so bedingungslos akzeptiert, wie ich es kaum je vorher erlebte.

III

Für mich ist Politik, auch Parteipolitik, Teil meines Lebens. Für Raja war Politik nicht interessant. Noch viel weniger als Lew verstand sie sich als Politikerin. Exilpolitik schien sie fast zu verabscheuen. Westliche Politiker schätzte sie hauptsächlich danach ein, wie groß die Pakete Medikamente waren, die man ihnen nach Moskau mitgeben konnte. Nüchtern packte sie zusammen. Einmal sprachen wir darüber, ob ihr Desinteresse an Politik Ergebnis der vor- und undemokratischen russischen und sowjetischen Geschichte sei oder Ergebnis der Verpflichtung auf die eigenen und universal gültigen Regeln der Kunst. Beides, meint sie kurz angebunden, aber eine genauere Klärung interessiert sie nicht. Sie akzeptiert meine Arbeit, hat aber keine Lust, lange darüber zu sprechen. Als sie in einem Interview einmal gefragt wird, wie sie zu den deutschen Parteien stehe, antwortet sie: Die SPD ist für mich wie eine gute alte Tante, die Grünen wie die ungeduldigen Kinder. Beides gehört zur Familie. Ich freue mich über die Souveränität, mit der sie ihre eigenen Maßstäbe verteidigt.

Bei anderen Gebieten ist trotz aller ihrer Neugier und Offenheit für anderes Leben die Fremdheit geblieben. Am meisten vielleicht in bezug auf die westliche Frauenbewegung. Viele Themen verstand sie: gegen Vergewaltigung, gegen Gewalt gegen Frauen – natürlich. Aber alles, was wir unter Aufhebung der geschlechtsspezifischen Arbeitsteilung oder Abschaffung des Patriarchats verstehen, war ihr fremd, und sie lehnte es eigentlich ab. Daß Raja und Lew darüber streiten, wer Essen kocht, ist unvorstellbar und wäre für Raja Verrat an ihren Verpflichtungen, ihrer eigenen Lebensprägung und ihrem Gefühl von Würde gewesen. Ein Leben ohne Kinder, ohne die grenzenlose und bedingungslose Liebe zu Lew ist für sie nicht vorstellbar und eigentlich nur schwer akzeptierbar. Aber auch ich kann nicht aus meiner Prägung und meinem Leben herausspringen. Eine Tür zwischen uns, die geschlossen bleibt.

Im gleichen Atemzug aber: Immer stärker bewundere ich, wie beständig und unbeirrt Raja ihr weibliches Modell von Lebenszusammenhängen baut. Lew ist ein überzeugender und selbstverständlicher Patriarch, der mit eigener und fremder Arbeitskraft gleich verschwenderisch und großzügig umgeht, der inmitten von Telefongesprächen, Reportern, vielfältigem Besuch in der Küche in Ruhe Tagesschau sieht oder einen Artikel zu Ende korrigiert. Raja dagegen liebt die kontinuierliche, genaue, personale Beziehung zu einzelnen Menschen, Spaziergänge zu zweit, bei denen zuhörend und abschweifend, zu einem Thema zurückkehrend und

Themen plötzlich wechselnd Verbindungsnetze zwischen einzelnen Menschen geknüpft werden. Raja entschuldigt sich sehr, wenn sie fremde Hilfe in Anspruch nehmen muß, hält Verabredungen und Versprechen peinlich genau ein.

Sie liebt es, Begegnungen und Freundschaften zu stiften. Als ich zum ersten Mal nach Moskau fahre, gibt sie mir die Adressen von Roginskij und Ejdelman mit und freut sich, wenn ihre Moskauer und ihre Kölner Freunde Gefallen an dem Gespräch miteinander finden.

Sie hat ein unerschöpfliches Interesse an Menschen. Im Zug, auf dem Schiff – ständig spricht sie mit neuen Menschen, fragt nach ihren Schicksalen. Den Fragebogen in »FAZ-Magazin« liest sie mit präziser Aufmerksamkeit.

Im Laufe der Zeit vergrößert sich der Kreis der Menschen, die wir beide, aber aus verschiedenen Zusammenhängen kennen. Immer wieder fragt sie mich nach meiner Meinung über jemanden, freut sich, wenn unser Gefühl ähnlich ist, wägt ab, wenn ich jemanden mehr oder weniger schätze als sie. Überraschend fragt sie: »Elisabeth, Ihr Freund, was ist das eigentlich für ein Mensch?« Diese Frage: Was ist das für ein Mensch? ist für mich sehr weiblich. Sie fragt nicht nach Beruf, beruflicher Stellung, schon gar nicht nach Besitz, auch nicht nach Intelligenz. Sie fragt nach der individuellen Prägung. Immer wieder beschreibt sie in ihren Aufsätzen individuelle Menschen, kämpft um die Erinnerung an die lebendige Ausstrahlung eines individuellen Menschen. Das ist mir sehr nah, und die Direktheit, mit der sie sich dazu bekennt, ist für mich zugleich neu und ermutigend.

Dieses direkte Interesse für Menschen scheint mir tolerant. Denn auch bei Menschen, die sie persönlich nicht interessieren, ist es für sie selbstverständlich, daß andere diese Menschen interessant finden. Es scheint mir auch demokratisch, weil sie an eine für alle Menschen mögliche und gleich verpflichtende Ethik der »kleinen menschlichen Güte« glaubt. In ihren Tagebuchnotizen formuliert sie, »nicht der Menschheit, dem Menschen helfen«. In dem Bericht über ihre Moskau-Reise spricht sie von der »ethischen Ausstrahlung« eines Menschen. An Lois Fisher-Ruge liebt sie deren »Freundschaftsfähigkeit«.

Ähnliche Gedanken habe ich für mich in der feministischen Bewegung kennengelernt, wenn sie nach den sozialen Fähigkeiten eines Menschen fragt, nach seiner Bereitschaft, andere Menschen zu akzeptieren, Verständigungsräume zu bauen. Raja hat solchen Vergleichen zugehört, sie blieben ihr aber fremd. Und anders als oft in der Frauenbewegung bei uns war Rajas Verhältnis zu Menschen jenseits jeder Sentimentalität. Carola Stern spricht darüber, wie sich bei Raja Leidenschaft und Nüchternheit verbinden. Raja hatte ein untrügliches Gefühl für falsche Töne, verwahrte sich unerbittlich gegen verlogene Schmeichelei und abhängig machende, tyrannische Intimität. Ihr Interesse für Menschen ist auch elitär, weil es nicht einklagbar ist, sich nicht rechtfertigen kann und will.

Und Rajas Interesse für Menschen ist unabhängig von jedem Hauch von Nationalismus.

Nach Bad Münstereifel brachte ich ihr einmal das Buch von Bahman Nirumand mit: »Hinter den Gittern verdorren die Blumen«, in dem er die Geschichte seines ersten und zweiten Exils, vor der Verfolgung durch den Schah und dann durch Chomeini schildert. Raja bedankt sich höflich, legt es dann beiseite, und ich sehe, wie sie denkt: Was soll ich denn damit? Kurz nach Mitternacht ruft sie mich an: »Elisabeth. Ich habe das Buch gelesen. Wo ist der Mann? Was ist mit seiner Familie geworden? Ich muß ihn kennenlernen.« Leider kam das Treffen nicht mehr zustande.

Raja hätte sich vielleicht nicht als »Internationalistin« bezeichnet. Das wäre ihr sicher zu formelhaft und pathetisch gewesen. »Index on censorship«, »PEN-Club«, »amnesty international« waren Teile ihrer Welt. Achtung vor der individuellen Prägung jedes einzelnen Menschen, unabhängig von allen äußeren Verschiedenheiten, und aufspüren, wie diese äußeren Verschiedenheiten im einzelnen Menschen wirken, war die Grundlage. Ich registriere, wie ihr Interesse an der individuellen Prägung eines Menschen diese in ihrer Gegenwart liebenswürdiger, reicher werden läßt, sozusagen deren beste Eigenschaften hervorlockt. Das gilt für mich selbst. Es gilt aber auch für Petra Kelly, die ich im Büro so oft müde, ungerecht, egozentrisch erlebe. Beim gemeinsamen Borschtsch-Essen in der Küche von Raja und Lew wird Petra wieder zu einer strahlenden, bezaubernden, sprühenden und warmherzigen Frau.

Räume schaffen, die Menschen mit ihrer lebendigen Ausstrahlung erwärmen, ist gemeinsames Lebenselixier von Raja und Lew. Mit Heimweh erzählt Raja von der georgischen Sitte, daß zu Beginn des Festmahls die Hausfrau ein Glas Rotwein weit über die blendend weiße Tischdecke der festlich gedeckten Tafel schüttet und den Gästen zuruft: Fühlt euch wie zu Hause.

Nachmittags um vier gehe ich mit Rimma und György Dalos zu Raja und Lew. Rimma bringt aus Moskau russischen Wodka mit. Sofort werden Kartoffeln gekocht, eine Dose Heringe aufgemacht, Wodka dazu getrunken, und fröhlich stellen Lew und Raja fest, wie gut es ist, jetzt nicht Kuchen essen zu müssen.

Ob amerikanische Slawisten, deutsche Journalisten, ob Politiker von CDU, SPD, FDP oder Grünen, ob Verleger, Professoren, russische Freunde oder einfach wir vom »Clan«, Karl-Heinz, Brigitte, Frau Roth von Lews »Politbüro« und manchmal auch ich – alle rücken nebeneinander um den Küchentisch, plaudern, machen sich miteinander bekannt und gehören plötzlich zu einer gemeinsamen Welt von Toleranz und Gastfreundschaft. Das Zugangskriterium ist simpel, Zuhörenkönnen, Erzählenkönnen. Verblüfft merke ich an Rajas Tisch, daß Klaus Bednarz oder Wolf Biermann gut zuhören können. Zugleich wird mir die selbstgefällige Sprache mancher deutscher Professoren und Politiker, an die ich von Bonn doch gewöhnt bin, an Rajas Tisch fast unerträglich.

Einkaufen, Tischdecken, Kochen und Abwaschen – viele haben Raja dabei geholfen –, trotzdem blieb viel und überviel für sie. Sie wußte um den Preis an eigener Lebenskraft, den sie zahlte für die Gastfreundlichkeit ihrer Küche. Aber trotz ihrer Krankheit und Erschöpfung hat sie niemals nachgerechnet. Verzicht auf Freundschaft und Gastfreundschaft hätte für sie Verzicht auf das Leben bedeutet.

Raja hat in den letzten Jahren manchmal gesagt, daß sie eine eigene Liebesgeschichte in Köln entwickelt habe. Sie freute sich über die Freunde in Köln und war dankbar dafür. Aber das unverrückbare magnetische Zentrum ihres Lebens war und blieb Moskau. Ununterdrückbar kehrten ihre Gedanken und Gespräche immer wieder zu Moskau zurück. Werbend und um Verständnis bittend, klagend und belehrend, voll unstillbarer Sehnsucht und unermüdlicher Liebe erzählte sie von »ihrer Welt«.

Der Deutschunterricht für sie war zugleich ein unvergleichlich viel kostbarerer Privatunterricht für mich über Moskau. Immer neu prägte sie mir ein, daß es nur eine russische Literatur gibt und daß die Frage, wo sie veröffentlicht wurde, im Samisdat, im Ausland oder in einem offiziellen Verlag, nichts über ihre künstlerische Qualität sagt. Kunst und Politik sind zwei Welten mit eigenen Maßstäben. Auch ein verbotener Schriftsteller kann schlecht, ein offizieller kann gut sein. Politik kann den Dichter als Menschen vernichten, sein Werk kann sie nicht zerstören. Achmatowa hat Stalin überlebt.

IV

Leidenschaftlich wehrte sie sich gegen das damals herrschende Schwarz-Weiß-Denken über die Sowjetunion. Überall gibt es anständige Menschen, selbst in der KPdSU. Überall gibt es schlechte Menschen, auch im Gulag. Achtung der Menschenrechte ist das Fundament. Aber entscheidend ist die innere Freiheit, und innerlich freie Menschen gibt es auch in der Sowjetunion, vielleicht mehr als hier im Westen.

Voll Liebe und Sehnsucht erzählte sie von den russischen »Zirkelchen«, kaum etwas vermißte sie mehr, kaum etwas konnten wir ihr so wenig ersetzen. Zuerst stellte ich mir darunter einfach Freundeskreise vor. Aber durch Lews und Rajas Beschreibung der Tauwetterzeit in »Wir lebten in Moskau« verstand ich, daß es um viel mehr ging, um die Keimzellen einer »civil society«, in denen innerlich freie Menschen die Eiszeit des Stalinismus überlebten. Als Raja und Lew später sagten, Gorbatschow und sein Stab seien »58er«, sah ich diese »Zirkelchen« vor mir, und in dem von Afanasjew herausgegebenen Band: »Es gibt keine Alternative zu Perestrojka, Glasnost, Demokratie, Sozialismus« meinte ich, ihren Geist zu spüren. Persönliche Freiheit, individuelles Verantwortungsgefühl für das Allgemeinwohl, wissenschaftliches Ethos, ziviles Engagement – wie ist es möglich, daß in der Sowjetunion Breschnews solche Tugenden gewachsen sind, deren Fehlen wir hier im öffentlichen Leben so oft beklagen?

Zorn, Wut und Scham über die Politik der Sowjetunion. Zum ersten Mal bemerkte ich es, als Raja sich in der Pause des Sprachkurses an der Universität fast förmlich bei den Studenten aus Afghanistan für den Einmarsch der Sowjetarmee in ihr Land entschuldigte. Zugleich die marternde Sehnsucht, das Gefühl, von den eigenen Lebenswurzeln abgeschnitten zu sein, das aus fast jeder Zeile ihrer Tagebuchnotizen den Lesenden anspringt.

Breschnew stirbt. Andropow. Andropow stirbt. Tschernenko. Bleierne Zeit. Tschernenko stirbt. Ein neuer Mann. Telefongespräche über Telefongespräche. Mlynar hat mit ihm zusammen studiert. Raja kennt die Dissertation seiner Frau. Winzige Hoffnungsschimmer. Raja und Lew plädieren leidenschaftlich für differenzierte Einschätzungen. Lew formuliert Beurteilungskriterien: Afghanistan, Sacharow, Stalin. Raja stellt einen neuen Einreiseantrag. Kein Erfolg.

Aber von der anderen Seite öffnet sich die Tür einen Spalt weiter. In Dortmund veranstaltet die RWAG im März 1987 ein Symposium über Umweltschutz mit sowjetischen Gästen. Valentin Rasputin ist angekündigt. Lew und Raja diskutieren. »Nein, es ist zu gefährlich für ihn, uns öffentlich zu begrüßen.« – »Es ist zu schmerzlich für uns, wenn er es nicht tut.« Lew will nicht fahren. Raja fährt hin. Aufgeregt und ängstlich. Hermann Hatzfeld und ich begleiten sie. Wir kommen etwas zu spät. Die Diskussion hat schon angefangen. Rasputin sitzt auf dem Podium und sieht Raja nicht. Vor der Pause sagt Raja, daß sie ihn ansprechen wird, und wir versprechen, unauffällig dicht daneben zu stehen, schnell mit ihr wegzugehen, falls es zu schwierig ist. Die Leute gehen aus dem Saal, und ein Mann läuft plötzlich auf Raja zu, umarmt und küßt sie: Rajetschka, Rajetschka! Es ist der Publizist Tschernitschenko, ein alter Freund der Kopelews. Er zieht sie mit zu Rasputin. Raja lächelt uns kurz zu. Hermann und ich gehen allein essen und gucken manchmal aus den Augenwinkeln, wie Raja mit der sowjetischen Delegation zusammen ißt, angespannt fragt, zuhört und diskutiert. Etwas ist in Bewegung. Eine Fernsehdiskussion in Wien, wo Raja neben Falin auf dem Podium sitzen soll, wird von Falin abgesagt. Mit einer Ausgebürgerten zusammen auf dem Podium, das geht noch nicht. Aber zunehmend mehr einzelne Besucher aus der Sowjetunion trauen sich, in der Neuenhöfer Allee anzurufen oder vorbeizukommen.

Unermüdlich reden Raja und Lew gegen verhärtetes Denken und verhärtete Herzen im Westen, werben dafür, Gorbatschow zu helfen, legen sich mit dem halben Exil an.

1988 – erste Konferenzen in Kopenhagen und Barcelona, bei denen Schriftsteller aus Moskau und aus dem Exil öffentlich gemeinsam auftreten und diskutieren, auch Raja nahm teil. »Wie nah ist alles, wie nah«, sagt sie. Ich habe das Gefühl, daß in dieser Zeit die Sehnsucht nach zu Hause kaum mehr erträglich ist für sie.

Die Nachricht von der Krankheit. Sweta wird das Ausreisevisum verweigert. Von Gräfin Dönhoff, Egon Bahr, Petra Kelly – eine Woge von Protesttelegrammen. Eine Woche nach der Operation kann Sweta endlich kommen. Raja ruft mich am nächsten Morgen früh aus dem Krankenhaus an. »Elisabeth, ich bin glücklich.«

Einige Tage später trete ich ins Krankenzimmer. Neben Raja steht eine große dunkelhaarige Frau mit lebhaften Augen. Überrascht sehe ich sie an. Wir haben keine gemeinsame Sprache. Doch bei uns beiden übereinstimmend das starke Gefühl: eine unbekannte Schwester. Und ich spüre plötzlich: Endlich lerne ich das Original kennen. Raja lächelt, daß Sweta und ich sofort eine Art Wahlverwandtschaft füreinander empfinden.

Endlich bekommt Raja die Erlaubnis zu fahren. Wir alle freuen uns mit ihr. Doch bei mir zugleich eine schwache Angst: Wird sie zurückkommen? Es ist nicht nur die Sorge um die Krankheit. Mehr ist es das Spüren der Anziehungskraft, die sie mit aller Macht nach Moskau zieht. Nur Lew in Köln ist die Garantie, daß sie zurückkommt.

Raja geht zurück, woher sie gekommen ist, und langsam fällt die Tür hinter ihr zu. Dieses Gefühl läßt mich nicht mehr los. Raja kommt zurück, erzählt bewegend von ihrer Reise. Oft habe ich das Bild wiederholt, das sie damals berichtete: »Kanonen statt Butter ist gefährlich. Das haben wir erlebt, aber Wahrheit statt Butter, das ist neu. Kann es gut gehen?« Wolf Biermann hat es in einem Gedicht aufgegriffen. Raja erzählt in ihrem Aufsatz davon. Aber in meinem Kopf dröhnt die Frage lauter, vermischt sich unwillkürlich mit den Bildern vom Tienanmen Platz, die tanzenden Studenten, die Panzer.

Als die Bilder der lachenden und tanzenden Studenten im Fernsehen gezeigt werden, sitze ich neben einem polnischen Juristen. »Sie werden schießen«, sagt er, »ich kenne sie.« – »Ihr Polen denkt immer in ideologischen Schemata«, antworte ich. »Ich habe Hoffnung.« Wenige Wochen später rufe ich ihn in Warschau an. »Ich möchte Sie treffen. Ihnen sagen, daß Sie recht hatten.«

Iskander liest in Köln. Anschließend gehen wir in die Neuenhöfer Allee. Wodka, etwas zu essen. Zum ersten Mal sehe ich Raja wirklich strahlend. Sie spricht ganz schnell, lacht, ruft etwas dazwischen, die anderen lachen. Raja badet in der russischen Sprache. Was für ein kärglicher Ersatz waren wir.

Im April 1989 bereiten Raja und Lew sich auf eine gemeinsame Moskau-Reise vor. Rajas Krankheit ist neu ausgebrochen. In meinem Kopf pocht immer lauter ihre Stimme: »In Moskau sterben, in Moskau sterben.« Fast panisch telefoniere ich mit Reisebüros, und es gelingt mir, für Milan Horaček und mich ganz kurzfristig eine Moskau-Reise zu buchen. Milan und Lew haben manchmal über ihre jeweiligen Ausbürgerungen gesprochen, und Milan hatte oft zu Lew gesagt: »Wenn Du zum ersten Mal nach Moskau fährst, komme ich Dich besuchen.« Das hat mir immer gefallen. Aber ich selbst bin wie gebannt von der Stimme: Du mußt dich gegen die Tür stemmen. Sie noch einen Augenblick aufhalten.

Milan und ich fahren nach Moskau. Jeden Tag besuche ich Raja. Sie liegt totkrank in Swetas Bett. Um sie die Familie, die Freunde, ständiges Telefon. Ich sehe zugleich die Liebe und Fürsorge, aber auch die Unruhe.

Zwei Tage nach meiner Rückkehr rufen Karl-Heinz und Brigitte an und sagen, daß Lew und Raja am Samstag zurückkommen. Raja wird mit dem Krankenwagen abgeholt und sofort ins Krankenhaus gebracht werden. Ich habe den Zustand der Medizin in Moskau gesehen und davon gehört. Trotzdem bin ich erschüttert. Was hat man diesem Land angetan, daß sterbenskranke Menschen von dort wegfahren müssen, um eine einigermaßen angemessene medizinische Pflege zu finden? Wie kann der Ruin dieses Landes aufgehalten werden?

Was bedeuten menschliche Werte angesichts dieser Katastrophe?

Die Tür ist zugefallen. Niemand wird sie mehr öffnen können. Ich beginne mir bewußt zu werden, wie stark Raja mein Leben in den letzten Jahren geprägt hat. Montags bis mittwochs mindestens 30 Stunden Arbeit in Bonn. Donnerstag früh einkaufen, Zeitung lesen, ein bißchen aufräumen. Donnerstag nachmittag zu Raja. Alle Anstrengungen und die oberflächliche Hektik von Bonn ist wie weggewischt. Was zählt ist Sprache, Freundschaft, das Abwägen von Wörtern und Sätzen.

Mir wird bewußt, wie stark ich mir angewöhnt habe, die Erlebnisse für Raja zu sortieren und zu sammeln. Raja liebte es, wenn andere erzählten. Wie man am Strand entlanggeht und hier einen seltsam geformten Stein, dort eine schön gezeichnete Muschel aufhebt und einsteckt, um sie einem Kind mitzubringen, sammelte ich kleine Geschichten, um sie Raja mitzubringen und sie vor ihr auszubreiten. Eine gelungene Formulierung, ein interessantes Schicksal, Gefühle, Eindrücke.

Mir fällt auf, daß mir fast nie Geschichten aus Bonn eingefallen sind. Die individuelle Prägung des Lebens, die eigenartige Form, die ungewöhnlichen Farben, warum gibt es sie in Bonn nicht? Raja liebte solche Geschichten, weil sie eine Art Rohmaterial, eine Art Vorform von Kunst sind. Die Atmosphäre in Bonn schleift das Individuelle weg. Die Einzigartigkeit und Unverwechselbarkeit jedes einzelnen Menschen ist in Bonn nicht wichtig.

Das Zusammensein mit Raja war für mich eine mächtige Gegenkraft gegen die Arbeit in Bonn. Sie half mir, die verschiedenen Teile meines Wesens im Gleichgewicht zu halten. Jetzt komme ich mir vor, als müßte ich plötzlich allein laufen.

Hannah Arendt polemisiert in dem Eichmann-Buch gegen die deutsche Wendung von »Verbrechen gegen die Menschlichkeit« und besteht darauf, daß es sich um »Verbrechen gegen die Menschheit« gehandelt hat, daß die Absicht der Nazis, das jüdische Volk überhaupt vom Erdboden zu verjagen, »einen Angriff auf die menschliche Mannigfaltigkeit als solche darstellt, also auf ein Wesensmerkmal des Menschseins, ohne das wir uns Dinge wie Menschheit oder Menschengeschlecht nicht einmal vorstellen können«.

In Rajas leidenschaftlichem Interesse für die Mannigfaltigkeiten der individuellen Prägung jedes einzelnen Menschen scheint sich für mich das gleiche unbedingte Eintreten für Humanität widerzuspiegeln. In der Achtung für die Individualität jedes einzelnen Menschen fußt Rajas Engagement für Menschenrechte. Es muß sich auch in Bonn realisieren lassen.

Karl-Heinz gibt mir die Texte von Raja, ihre letzten Artikel, die Tagebuchaufzeichnungen. Ich höre die vertraute Stimme, und meine Verzweiflung zergeht, verwandelt sich in Dankbarkeit. Die Brücken, die Raja gebaut hat, stehen fest, und ich kann hinübergehen, wann immer ich will.

Köln, den 26. September 1989

Wjatscheslaw W. Iwanow

Im Wesen unveränderlich*

Raja begegnete ich zum ersten Mal vor mehr als vierzig
Jahren. Damals war ich Student im dritten Semester und
sollte mit ihr über Angelegenheiten der Philologischen
Fakultät sprechen, die sie als Mitglied einer wissenschaftlichen Kommission besuchte. Und ich weiß noch
genau, wie sie damals, im Winter 1948, war: strahlend,
jung, schön und resolut. Zehn Jahre später trafen wir
uns dann wieder und freundeten uns an.

Mir scheint, daß Raja sich in ihrem Wesen nicht verändert hat. Politische Überzeugungen gehörten nie zu
ihren wesentlichen Charakterzügen. Ihr ging es immer
um Menschen. Denen wollte sie helfen und tat das mit
großem Erfolg. Lews und ihr Haus wurde in Moskau
»Erste Hilfe« genannt. Aber es war auch eine Rote-
Kreuz-Station: Wie vielen haben sie Medikamente besorgt (das taten sie auch später, von Deutschland aus,
regelmäßig), haben Ärzte vermittelt oder Bücher und,
wenn es ging, auch Lebensmittel in die Lager geschickt.
Der Staat verstand diese menschliche Hilfe als Angriff
auf seine Grundfesten und stellte damit die Sorge um
die Bedürfnisse des anderen (keineswegs nur Inhaftier-
ter) als eine Form politischen Kampfes hin. Doch für
Raja war dieses ganze Engagement, das Historiker später vielleicht als »Dissendententum« bezeichnen mögen, einfach ein Teil ihrer Beziehung zu denen, denen
sie und Lew sich verbunden und nah fühlten. Und dieser Kreis wurde immer größer. Für diese Freunde wur-

* Rede während eines Gedenkabends für R. O. am 26. Oktober
1989 in Moskau.

den Briefe und Protestschreiben gegen ungerechte Urteile verfaßt, für sie mußten Geld gesammelt und Medikamente beschafft werden. Rajas Konzentration und Genauigkeit halfen ihr sehr bei dieser täglichen Arbeit, die eigentlich nur von einer ganzen Hilfsorganisation hätte bewältigt werden können. Und alle hatten sich so daran gewöhnt, daß es ganz selbstverständlich schien, mit einer neuen Bitte zuerst Raja und Lew anzurufen. Es kam uns gar nicht in den Sinn, daß sie neben dieser Fürsorge auch noch ihre eigenen täglichen Aufgaben hatten – die Literatur und die Alltagsdinge, die in Moskau soviel Zeit kosten. Und dann noch die Schlaflosigkeit, unter der Raja, wie ich mich erinnere, von jeher litt.

Ungeachtet all dieser zeitraubenden Tätigkeiten setzte sich Raja bis in ihre letzten Lebensmonate schon frühmorgens an die Arbeit. Darin kam nicht nur ihre Disziplin zum Ausdruck, sondern auch ihre geradezu fanatische Hingabe an die Literatur, vor allem die russische, als deren Bestandteil sie sich immer sah. Denn auch ihre Beschäftigung etwa mit Hemingway richtete sich ja an Rußland, an die gegenwärtigen Schriftsteller und an die Freunde von Raja. Sie schätzte die gegenwärtige russische Literatur und Kultur sehr hoch ein. Ich gestehe, daß ihre Beurteilung mir oft übertrieben erschien. Als sie sich in erzwungener Emigration befand, stritt ich in Briefen und später bei Begegnungen mit ihr: Ich meinte, daß die Kultur im Verfall begriffen oder schon verfallen sei, aber sie entdeckte immer neue Autoren und Werke, die ich oder andere übersehen und nicht bemerkt hatten.

Ich muß bekennen, daß ihr Wohlwollen auch mich betraf. Irgendwann vor langer Zeit war ihr ein Gedicht von mir aufgefallen, das ich aufgesagt hatte, und sie lernte es nicht nur auswendig, sondern sagte es sich immer wieder vor, als sie sich vor etwas über zwanzig Jahren einer schweren Operation unterziehen mußte. Es bedeutete mir viel, als sie mir das erzählte. Es bedrückte mich keineswegs, daß meine Gedichte nicht zu veröffentlichen waren, aber einen so aufmerksamen Leser zu finden ist für jeden Schreibenden eine unschätzbare Unterstützung. Ich konnte mich aus eigener Erfahrung davon überzeugen, wie wichtig Raja für schreibende Menschen war. Sie bat immer und bestand sogar darauf, daß man ihr vorlas oder zu lesen gab, was man geschrieben hatte. Dann kam sofort ihre Antwort, und zwar nicht einfach nur eine Reaktion oder Meinung, sondern eine ausführliche Besprechung und Auflistung aller Mißgriffe und Ungenauigkeiten, die ihr aufgefallen waren. Nicht nur Liebe zur Literatur, sondern ein ganzer Regelkodex, der mit diesem starken Gefühl verbunden war, bestimmte ihr Verhalten. In jedem neuen Werk suchte sie das Beste, blieb dabei aber anspruchsvoll. Die Liebe zur Literatur war auch der Grund für Rajas Beteiligung an allen, manchmal so qualvollen Umschwüngen des literarischen und publizistischen öffentlichen Lebens und dafür, daß sie darüber Buch führte. Raja war eine der ersten in jener Zeit, die für sich die Möglichkeit entdeckten, laut zu sprechen – und auch das sehr zaghaft – und dann das Gesprochene in Geschriebenes zu verwandeln. In ihren Büchern erfüllt sie die Rolle eines Chronisten, die damals manchmal zur Aufgabe eines einsamen Kämpfers wurde.

Und all das tat sie freudig und ohne große Worte. Es ist leicht, Menschen zu helfen, wenn man helfen möchte, es ist wundervoll, sich mit Literatur zu beschäftigen, wenn man sie wirklich liebt. Damit steckte Raja uns an. Das haben wir mit ihr verloren.

Hier ist das Gedicht, das Raja sich vor vielen Jahren
wie eine Vorahnung ihres eigenen Schicksals einprägte:

Wir Wahrheitssucher und Gotterfinder,
Bahnbrecher auf weiten Strecken,
Was ging uns verloren, was konnten wir finden?
Ströme Sibiriens, Zuchthaus – Gesänge?
Doch was bedrängt unser Sinnen?
Sind es die einst erfrorenen Klänge,
Die aufzutauen beginnen?
Manche Länder sind mir vertraut – nicht verwandt.
Doch seltsame Schicksale, klaffende Wunden
Haben mich an das unbegreifbare Land,
An Rußland fest gebunden.

Lew Kopelew

Freude am Dasein

»Es ist so leicht, Raja Freude zu machen«, pflegte ihre Mutter zu sagen – »als kleines Kind jauchzte sie, wenn jemand sie zärtlich streichelte oder ihr ein Stück Apfel schenkte. Und jetzt freut sie sich wie ein Kind, wenn sie mal im Fluß oder im Meer schwimmen kann.«

Die Mutter hatte recht. Alle, die Raja näher kannten, haben oft erlebt, wie herzlich und wie »ansteckend« sie sich über ein Gedicht, ein Lied, ein Konzert oder ein Buch freuen konnte. Und nicht nur über ein neu entdecktes Buch, sondern auch über ein schon seit langem bekanntes und geliebtes, das sie immer wieder las. In den letzten Lebensmonaten war es »Krieg und Frieden« von Tolstoj. Sie freute sich über bekannte, vertraute Seiten und noch mehr, wenn sie Neues in Altbekanntem entdeckte. Einige Male sagte sie: »Welch ein Glück, daß dieses Buch da ist. Ein Glück für uns und für alle Menschen, die es lesen können.«

Am 24. Mai 1989 schrieb ich den Freunden in Moskau:

Über die »neuesten« Ereignisse zu schreiben ist sehr schwer, quälend schwer. Vielleicht irgendwann später finde ich Kräfte und werde beschreiben, wie erstaunlich tapfer und beharrlich Raja sich ihrer schrecklichen Krankheit widersetzt. Sie wird immer schwächer, sie erlischt. Keine Schmerzen. Immer am Tropf und Spritzen; doch ein quälender Husten, schweres Atmen. Zweimal wurde sie punktiert, aber immer wieder schwillt es an. Sie ißt kaum, einige Teelöffel pürierter Suppen, Obstaft, vier bis fünf Löffel am ganzen Tag. Wenn sie an einem Stückchen Apfel kaut oder an einer Kirsche, ist es schon ein Ereignis. Und jedesmal freut sie sich darüber, sie freut sich über die Dusche und wie geschickt die Schwestern alles tun, freut sich, wenn sie zweimal durchs Zimmer geht oder eine Viertelstunde im Sessel sitzt. Es sind in ihr noch viele gute Kräfte, freigebig gute, aus denen Freude wächst. Unerträglich ist dieses grausame, schreckliche Schicksal; ungerecht, grausam ungerecht, daß eben sie, die so lebensvoll ist, die so das Leben liebt, das Leben um sich herum, in anderen Menschen, die immer bereit ist zu helfen und immer geholfen hat, daß eben sie jetzt hilflos ist, verurteilt. Die Hilflosigkeit bedrückt sie am meisten: Gott sei Dank begreift sie nicht alles, was geschieht, sie hofft; wir sprechen darüber, wohin wir im Herbst fahren wollen, was wir machen werden, wenn sie nach Hause zurückkehrt. Noch vorgestern morgen, nach einigen unruhigen Stunden, als sie immer wieder anders liegen wollte, sagte sie: »Nein, es tut nichts weh, aber ich bin müde, sehr müde« – und plötzlich, ganz still: »Befreie mich von der Müdigkeit, o Mutter Tod.«* Ich begann darauf zu schwatzen, sagte etwas Aufmunterndes, scherzte. Ihr Gedächtnis bleibt ganz klar. Doch manchmal wird ihr Bewußtsein getrübt: »Ich will schlafen, nur schlafen...« Wir drei (die Töchter und ich) lesen ihr vor. Erst wollte sie nur Turgenew hören. Wir haben bereits »Die Frühlingsfluten«, das »Adelsnest« und »Rudin« vorgelesen. Jetzt lesen wir »Am Vorabend«. Doch gestern abend und heute wollte sie etwas anderes hören. Ich las ihr einige Artikel aus den Zeitschriften »Moscow News« und »Wek XX. i mir« vor. Sie fragt immer nach politischen Nachrichten, aber viel häufiger über die Angehörigen, über Euch alle, über die Kinder. Diese Woche ist der Atem besonders schwer. Der Professor, der sie mit Chemotherapie behandelt, sagte zu Sweta (mich verschont er), daß es ein »außerordentlicher Fall in seiner Praxis« sei, daß sie »immer noch lebt...«, »außerordentlich vitale Kraft«. Nach seinen theoretischen und praktischen Erfahrungen »sollte sie schon im Winter sterben«. Es ist gut, daß

---

* Ein Vers von Boris Tschitschibabin. »Tod« ist im Russischen weiblich.

die Töchter hier sind. Nachts bleibt immer eine von ihnen bei ihr.
Mich lassen sie nur morgens für anderthalb bis zwei Stunden her-
ein und wieder abends, bevor eine von ihnen zum Nachtdienst
kommt. Nun, ich wollte nicht ausführlich schreiben, kann aber
kein Ende finden. Habt Ihr Rajas Brief »an alle« erhalten. Sie
hat ihn schon in den ersten Tagen hier diktiert.

Jetzt muß ich schon daran denken, was später kommt, an ihre
Archive. Die sind voll von unschätzbaren Handschriften, Tagebü-
chern, Briefen, Notizen, Entwürfen. Schrecklich, jetzt darüber
nachzudenken, aber sie darf nicht, sie soll nicht sterben. In diesen
Schriften lebt sie weiter.

In den letzten Maiwochen verfaßten wir noch zusammen einen kurzen Artikel über Lidija Tschukowskaja.
Wie immer sonst besprachen wir zunächst die Struktur,
dann Satz für Satz, manchmal stritten wir um einzelne
Ausdrücke und Worte. Ich vergaß den Vers von Achmatowa, den wir zitieren wollten. Sie hat sich sofort an den
Text erinnert, kannte ihn auswendig, wußte auch, wo er
verifiziert werden kann. Freudig klang ihre damals
schon schwache Stimme:

> Duschi wysokoja swoboda,
> Tschto drushboju naretschena.
>
> Die hohe Freiheit der Seele,
> Die man Freundschaft genannt.

Die erste Zeile wählten wir als Titel für den Essay. Das
war unsere letzte gemeinsame Arbeit.

Freiheit der Seele – innere Freiheit – war eigentlich
die Hauptquelle ihrer Lebenskräfte, ihrer »Freude am
Dasein«, wie es Goethe nannte. Je schöner ein freudiges
Erlebnis oder eine Erkenntnis war, desto stärker wollte

sie diese mit anderen teilen. Auf Raja paßte genau das Sprichwort »geteilte Freud' ist doppelte Freud'«. Traurig und zornig wurde sie, wenn jemand aus Bosheit oder Dummheit anderen Menschen eine Freude vergällte.

Die Frohnatur war ihr angeboren. Darin glich sie ihrer Mutter ebenso wie in spontaner Menschenfreundlichkeit und steter Bereitschaft zu helfen, zu trösten. Ihre Weltempfindung hat sie geerbt, ihre Weltanschauung war anerzogen. In der Schule, in der Hochschule und im Komsomol entwickelte sie sich; sie war oft innerlich widersprüchlich und inkonsequent. Vieles, woran sie zunächst vertrauensvoll glaubte, erwies sich später als falsch und verderblich... Sie mußte bittere Enttäuschungen erkennen, auf manche Ideale verzichten. Die Ansichten, die von Jugend an den Sinn ihres Lebens bestimmten, mußte sie grundsätzlich ändern. Das dauerte lange, war oft qualvoll, auch schmerzlich. Darüber erzählt sie in den Büchern »Die Türen öffnen sich langsam«, »Eine Vergangenheit, die nicht vergeht« und »Wir lebten in Moskau«. Aufrichtig und ehrlich, wie sie immer in allem war, hat sie ihre geistige Selbsterziehung dargestellt.

Ihre Ansichten und Meinungen, ihre Weltanschauung änderten sich wie bei vielen von unseren Landsleuten, Altersgenossen und Freunden, doch ihre Weltempfindung, die bewußten und unbewußten Vorstellungen von gut und böse, wahr und unwahr, schön und häßlich änderten sich kaum. Was sie erlebte, war eigentlich die Entdeckung ihrer eigenen wahren Weltempfindung und Weltbeziehung. So erreichte sie die innere Freiheit.

Im Herbst 1963, während einer langen Krankheit und nach einer schweren Operation, las sie im Krankenbett die Gedichte von Anna Achmatowa und schrieb ihr darauf:

»Ich habe oft an Sie und Ihr Schicksal, an Ihren außergewöhn-
lichen, seltenen Mut gedacht. Doch erst jetzt glaube ich, das Wich-
tigste begriffen zu haben – Sie wissen, daß der Mensch sterblich
ist, Sie wissen um den eigentlichen Sinn der menschlichen Tragö-
die.

    Aber wer bewahrt uns vor dem Schrecken,
    Den man den *Lauf der Zeit* genannt…

Sie erkennen diesen Sinn sowohl abstrakt-philosophisch als auch
ganz konkret-irdisch.

    Alles wird länger leben als ich,
    Selbst die alten mürben Starkästen…

Sie wissen darum und lehren die Menschen zu leben, ohne die
Augen zu verschließen (so wie ich es früher getan habe) – aber
eben wissend. Früher erschienen mir Ihre Verse wie eine kühle
Schönheit, eine Marmor-Schönheit. Erst jetzt – wohl nachdem
ich selbst leiden mußte – spürte ich die glühende Lava, die der
Dichter bewältigt hat. […] eben darin liegt der große Sieg des Poe-
ten, ein moralischer und ästhetischer Sieg. Diese Überwindung,
diese Bescheidenheit im Leiden scheint mir ein sehr russischer
Zug zu sein…«

Diese Erkenntnis, diese Läuterung der eigenen Weltempfindung erreichte Raja damals mit 45 Jahren. Sie
lebte danach noch zweieinhalb Jahrzehnte. Und es
wurde ihr bewußt, daß ihre Weltempfindung ein Verlangen nach Harmonie bedeutete, ein Verlangen, das ihre
wirklichen Beziehungen zu Menschen und auch zur
Kunst, zur Dichtung entscheidend bestimmte. Sie
gestand, daß, obwohl sie solche Autoren wie Swift,
Edgar Allan Poe, Saltykow-Schtschedrin, Kafka sehr
hoch schätze und achte, sie dennoch wenig Lust habe,
ihre Werke wiederholt zu lesen. Dagegen mußte sie
Gedichtbände von Puschkin, Tjuttschew, Achmatowa

immer bei sich haben, auf dem Nachtschränkchen, in der Reisetasche; auch Bücher von Tolstoj und Tschechow wollte sie immer wieder lesen. In ihnen spürte sie den Drang zur Harmonie, zur Bewältigung der chaotischen Wirklichkeiten; das war ihr lebensnotwendig, stimmte mit ihrem Wesen überein. Auch die Schriften von Heinrich Böll, Christa Wolf und Siegfried Lenz las sie wiederholt, erkannte in ihnen ihr verwandtes »Leiden an Dissonanzen« und eine tiefe innere Harmonie der poetischen Beziehung zur Welt. Von den zeitgenössischen russischen Lyrikern liebte sie Marija Petrowych, David Samojlow, Waldimir Kornilow und Oleg Tschuchonzew.

Die Zeilen von Wladimir Kornilow:

> Chot nemnogo
> Ushe bresti,
> Besnadjogu
> Mne ne snesti.

> Und bleibt mir noch
> Nur ein kurzer Weg,
> Hoffnungslosigkeit
> Ertrage ich nicht.

nannte Raja ein Motto zu ihrem eigenen Leben. Sie ist nie hoffnungslos gewesen, sie hoffte, bis zum letzten Atemzug weiterzuleben, so wie sie immer gelebt hatte: ihre Freude am Dasein freigebig zu verteilen und in Worte zu verwandeln.

Lebensweg

Raissa wurde am 23. Juli 1918 in Moskau geboren. Ihr Vater David Liberson war Wirtschaftsfachmann, Verlagsmitarbeiter, ihre Mutter Susanna Liberson Zahnärztin. Die beiden jüngeren Geschwister Walerija (Ljusja) und Leonid (Ljoscha) leben in Moskau.

1935–1940 studierte R. an der Literaturfakultät des Moskauer »Instituts für Geschichte, Philosophie und Literatur« (IFLI).

1937 heiratete sie ihren Kommilitonen Leonid (Ljonja) Scherscher. 1941 wurde er Bordschütze auf einem schweren Bomber, er fiel am 28. August 1942. Ihre gemeinsame Tochter Swetlana wurde am 5. Januar 1940 geboren.

1940–1957 leitete R. das USA-Ressort der »Gesellschaft für kulturelle Beziehungen mit dem Ausland« (WOKS).

1944 heiratete sie Nikolaj Orlow, Abteilungsleiter im Brotbeschaffungsministerium. Die gemeinsame Tochter Marija (Mascha) wurde am 27. Juli 1945 geboren. Diese Ehe wurde 1956 geschieden.

1947–1951 studierte R. als Doktorandin am »Institut für Weltliteratur« (IMLI) der Akademie der Wissenschaften, Promotion Ende 1951.

1951–1953 Dozentin für internationale und russische Literatur am Pädagogischen Institut in Tallinn (Estland). 1953–1955 Dozentin für ausländische Literatur am Pädagogischen Institut in Moskau.

1955–1961 leitete sie das Ressort für Kritik in der Redaktion der Monatsschrift »Inostrannaja literatura« (Ausländische Literatur).

1956 heiratete sie Lew Kopelew. Ab 1961 war R. freischaffende Schriftstellerin und Literaturkritikerin, hauptsächlich für englischsprachige Literatur. Sie hielt Gastvorlesungen an Universitäten, Pädagogischen Instituten und in Bibliotheken in Charkow, Gorkij, Jerewan, Kischinjow, Nowosibirsk, Odessa, Saratow, Tallinn, Taschkent, Tbilissi, Wladiwostok und anderen Orten.

In den sechziger und siebziger Jahren war sie an vielen Hilfsaktionen für verfolgte und verhaftete Menschenrechtler beteiligt, sorgte für materielle Unterstützung der Familien, schaffte Medikamente aus dem Westen herbei und übermittelte auch Nachrichten und Manuskripte für Freunde im Ausland.

Deswegen wurde sie nach ihrem öffentlichen Auftritt für den verbannten Andrej Sacharow im Februar 1980 aus der Partei (deren Mitglied sie seit 1942 war) und aus dem Schriftstellerverband ausgeschlossen.

Seit den sechziger Jahren wurde sie mehrmals von Universitäten in den USA, von Freunden und Kollegen in Deutschland, Frankreich, in der Schweiz zu Gastreisen eingeladen. Fast jährlich kamen Einladungen an sie und ihren Mann von Heinrich Böll, Gräfin Marion Dönhoff, Hans Werner Richter (Gruppe 47), vom bundesdeutschen PEN-Club. R. wollte diese Einladungen nicht annehmen, weil sie befürchtete, daß die sowjetischen Behörden ihr die Heimkehr verweigerten. Doch 1980, als sich Willy Brandt und Egon Bahr im ZK der KPdSU für die neuerlichen Einladungen von Heinrich Böll und Gräfin Dönhoff einsetzten, wurde ihnen versichert, daß, wenn die Kopelews in Deutschland keine »antisowjetische Tätigkeit« betrieben, eine Rückkehr garantiert sei.

Am 12. November 1980 reiste R. zusammen mit ihrem Mann in die Bundesrepublik. Sie erhielten das Visum für ein Jahr, hatten Rückflugkarten für November 1981. Zusammen mit ihren Gastgebern Annemarie und Heinrich Böll entwarfen sie Pläne für Studienreisen durch die Bundesrepublik; man plante auch einen längeren Aufenthalt in Weimar.

Doch bereits am 12. Januar 1981 unterschrieb Breschnew einen Ukas, nach dem R. und ihr Mann ausgebürgert wurden. Im Mai 1981 erhielten beide die Staatsbürgerschaft der Bundesrepublik Deutschland.

R. lernte intensiv die deutsche Sprache in Spezialkursen und bei privaten Lehrern in Göttingen und in Köln. Schon bald begann sie Artikel und Essays für deutsche und russischsprachige Zeitungen und Zeitschriften und den Rundfunk zu schreiben. Ihr erstes Buch in deutscher Sprache erschien 1985: »Die Türen öffnen sich langsam. Eine Moskauerin erlebt den Westen«. Sie wirkte als Schriftstellerin und Publizistin, hielt Vorträge über russische Literatur und Menschenrechtsprobleme, sie unterstützte engagiert die Arbeit von »amnesty international«, unternahm Vortrags- und Lesereisen in der Bundesrepublik, in Österreich, in der Schweiz, in den USA, wurde Mitglied des PEN und des deutschen Schriftstellerverbandes. Seit 1985 versuchte sie immer wieder, eine Einreisegenehmigung in die Heimat zu bekommen, sie wurde von den Töchtern eingeladen, beantragte Touristenvisa – alle Anträge wurden ohne Begründung abgelehnt. Erst nach ihrer Erkrankung und zwei schweren Operationen (September 1987 und Mai 1988) durfte sie im September 1988 erstmals nach Moskau fahren. Ihr Mann konnte damals noch nicht auf ein Visum hoffen, und so fuhr sie allein.

Ihren zweiten Moskaubesuch im April 1989, dieses Mal gemeinsam mit ihrem Mann, mußte sie auf ärztliche Anordnung abbrechen. Am 6. Mai kehrten beide nach Deutschland zurück. Sie wurde direkt vom Düsseldorfer Flughafen in die Universitätsklinik Köln gebracht. Dort starb sie am 31. Mai 1989.

Die wichtigsten Buchpublikationen

Onkel Toms Enkel kämpfen. Moskau 1962 (russ.).

Die Nachkommen des Huckleberry Finn in der amerikanischen Epik. Moskau 1964 (russ.).

Jack Londons Martin Eden. Moskau 1967 (russ.).

Harriet Beecher-Stowes Leben und Schaffen. Moskau 1971 (russ.).

Die Hütte, die ein Jahrhundert überdauerte. Moskau 1975 (russ.).

Wer das Schwert nimmt. Historischer Roman. Moskau 1975 (russ.).

Herzens letztes Lebensjahr. New York 1982 (russ.).

Die Türen öffnen sich langsam. Eine Moskauerin erlebt den Westen. Hamburg 1984 (1984 auch russ. in den USA).

Eine Vergangenheit, die nicht vergeht. Rückblicke aus fünf Jahrzehnten. München 1985 (1983 auch russ. und engl. in den USA).

Hemingway in Rußland. Ann Arbor/Michigan 1985 (russ.).

Boris Pasternak. Stuttgart 1986 (gemeinsam mit Lew Kopelew).

Wir lebten in Moskau. München 1987 (gemeinsam mit Lew Kopelew; 1988 auch russ. in den USA).

Briefe aus Köln über Bücher aus Moskau. Köln 1987.

Als die Glocke verstummte. Alexander Herzens letztes Lebensjahr. Berlin 1988.

Zeitgenossen, Meister, Freunde. München 1989 (gemeinsam mit Lew Kopelew).

Fotos

1931/32 Sotschi: Mit dem Vater David Liberson

1952 Tallinn: Mit den Töchtern Mascha und Swetlana

April 1962 Jalta: Schriftstellerhaus, v.l.n.r. Lidija Obuchowa, Natascha Panowa,
Vera Panowa, Raissa Orlowa, Jelisar Malzew, N.N., Alexandra Malzewa

247

März 1964: In der Sächsischen Schweiz

1971: Im Moskauer Atelier von Boris Birger

1987 Königswinter: Mit Boris Birger

*September 1972: Mit dem Schwiegerscha Pawel Litwinow im Dorf
Werchnije Ussugli (Ostsibirien), wohin er verbannt war.*

*September 1972 im Raum von Wladiwostok: Mit Anna und
Pjotr Kapiza (Physiker, Nobelpreisträger)*

1972 Moskau: Mit Mutter Susanna Liberson und Enkelin Marina

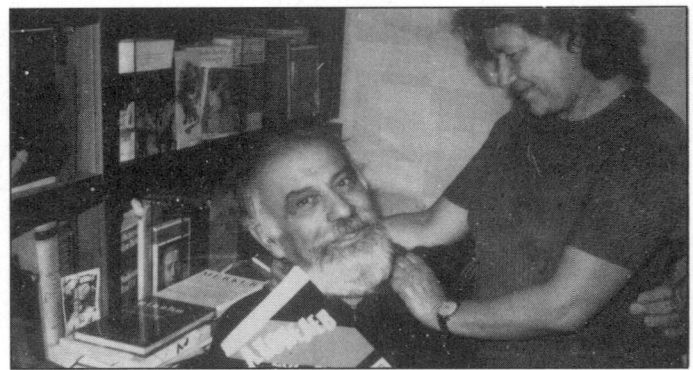

Moskau 1975

1979 Suchumi: Mit Jelena und Andrej Sacharow

*1980 Komarowo: Mit Anna Latyschewa (Leningrad), Hannelore Schmitz
(Köln), Boris Rotenstein, Evelina Artes (beide Leningrad)*

November 1980 Moskau: Mit Bella Achmedulina vor der Abreise nach Köln

251

22. Januar 1981 Bonn: An dem Tag, als die Ausbürgerung bekannt wurde

Köln 1982

November 1982 Köln: Mit Steffen Heinemann, Freund, Hausarzt

September 1983 New York: Mit den alten Freunden Alexander Babjonyschew (2. v.r.) und Boris Schragin (rechts)

Oktober 1983 Köln: Mit Annemarie und Heinrich Böll

1985 Harzheim/Eifel: Mit Elisabeth Weber

1985 Köln: Mit Wolf Biermann

255

1985 Paris: Mit Viktor Nekrassow

Juli 1987 Köln: Zu Hause

*September 1985 Köln: Mit Irene Kawohl, Igor Burichin, Urusula Assmus,
Dieter Studemann, Jelena Wargaftik*

September 1985 Köln: Mit Klaus Bednarz

1984 Frankfurt: Mit Wladimir Wojnowitsch

1987 Paris: Mit Andrej Sinjawskij

August 1987: In einer Kölner Buchhandlung beim
Büchersignieren nach einer Lesung

September 1987 Bad Neuenahr: Mit Petra Kelly und Gerd Bastian

Februar 1988 Genf: Mit Efim Etkind an dessen 70. Geburtstag

Oktober 1988 Frankfurt: Mit Fasil Iskander

September 1987 Köln: Mit Swetlana

Januar 1988 Köln: Mit Mascha

259

März 1988 Kopenhagen: Erste Begegnung russischer Schriftsteller aus Moskau mit im Exil lebenden (v.l.n.r.): Galina Belaja, Fasil Iskander, Raissa Orlowa, Lew Kopelew, Eigil Steffensen, Märta-Lisa Magnusson. (Stehend): Wassilij Axjonow, Maria Tetzlaff, John Smith, Cronid Ljubarskij, Boris Wajl

Moskau, September 1988

1988 Moskau: Mit der Schwester Walerija (Ljusja) am Elterngrab

8. April 1989: Vor der Reise nach Moskau am Kölner Hauptbahnhof

ANNA ACHMATOWA
Poem ohne Held
Gedichte und Prosa
Nachwort von Raissa Orlowa und Lew Kopelew
Herausgegeben von Fritz Mierau
368 Seiten, Leinen, 38,– DM

Sie stand mit großer Treue zu ihrem Volk – auch in den schwersten Jahren –, und im Volk wurden ihre Verse rezitiert, selbst als sie verboten waren: Anna Achmatowa, Schriftstellerin von weltliterarischem Format, deren Hauptwerk mit diesem Band vorgelegt wird, ist eine Zentralgestalt der modernen russischen Dichtung. Ihr Leben umspannte bewegte Jahrzehnte: von der Zarenzeit bis zur nachstalinistischen Ära. Ganz der Arbeit des Gedächtnisses gewidmet, spiegelt ihre Lyrik, im »Ton beherrschten Entsetzens« (Joseph Brodsky), diese Zeiten wider. Erfrischend ist die Aufmerksamkeit dieser Gedichte für das Konkrete, und zugleich nötigt ihr gewitzter literarischer Anspielungsreichtum Bewunderung ab.

*

ALEXANDER BEK
Die Ernennung
Tatjana Bek: Alexander Beks Tagebuch
Mit einem Nachwort von Raissa Orlowa-Kopelew
344 Seiten, Leinen, 28,– DM

Beks präzise recherchierter Roman erzählt die Geschichte des »Partei-Soldaten« Onissimow, der Stalins Säuberungen 1937/38 übersteht, zum Minister aufsteigt und als effizienter Technokrat die sowjetische Stahlindustrie aufbaut und antreibt. Nach dem XX. Parteitag wird er Opfer der Entstalinisierung und als Botschafter ins Ausland abgeschoben. Widerstrebend erkennt er, welchen Preis er für seine Karriere zu zahlen hat. Der Roman war 1965 abgeschlossen. Beks Aufzeichnungen aus den folgenden Jahren geben Auskunft über die Odyssee des Manuskriptes durch dunkle Instanzen der Zensur, die Streichungen und Umarbeitungen erzwangen und doch letztlich die Veröffentlichung in der Sowjetunion zwanzig Jahre lang verhinderten.

Bitte fordern Sie unser kostenloses Gesamtverzeichnis an!

Steidl
Düstere Straße 4 · 3400 Göttingen

ANNA LARINA BUCHARINA
**Nun bin ich schon weit
über zwanzig**
Erinnerungen. Aus dem Russischen von Eva Rönnau
320 Seiten, Leinen, 38,– DM

Diese Erinnerungen vermitteln seltene Innenansichten der UdSSR aus der Phase der endgültigen, blutigen Konsolidierung von Stalins Macht. Anna Larina Bucharina erzählt vom Schicksal ihres Mannes, des nach Lenin bedeutendsten sowjetischen Theoretikers Nikolaj Bucharin, der 1938 in einem Schauprozeß zum Tode verurteilt und hingerichtet wurde. Und sie rekapituliert ihr eigenes Schicksal als Frau eines angeblichen »Volksfeindes«: langjährige Haft und Verbannung. Ausdrucksvolle Personenporträts und Gesprächsszenen, Stimmungsschilderungen und Reflexionen setzen sich hier zusammen zum beklemmenden Panorama einer Zeit, deren Geschichte bis heute noch nicht geschrieben ist. Der »Buchmarkt« schreibt: »Die bedeutendsten Memoiren der letzten Jahre.«

*

NORMAN MANEA
Fenster zur Arbeiterklasse
Zwei Erzählungen aus Rumänien
Aus dem Rumänischen von Paul Schuster
136 Seiten, Broschur, 12,– DM

Von den Traumatisierungen der einzelnen durch das, was eine verantwortungslose Macht – in welche Ideologie auch immer sie sich kleidet – mit ihnen anstellt, handeln die beiden hier vorgelegten Erzählungen des Rumänen Norman Manea. Diesem diffizilen Thema vermag allein eine variable und streng kalkulierte Prosa wie die seine gerecht zu werden. Klug macht sie von den Errungenschaften der literarischen Moderne Gebrauch, ohne ihren Realitätsbezug hintanzustellen. Was sie nämlich so eindrücklich beschreibt, sind psychologische Szenen aus jenem Krieg, den in Rumänien ein Diktator gegen das eigene Volk führt.

Bitte fordern Sie unser kostenloses Gesamtverzeichnis an!
Steidl
Düstere Straße 4 · 3400 Göttingen